本书出版获得中国社会科学院大学中央高校基本科研业务费资助支持

中国社会科学院大学文库

何以公共

农村公共物品供给制度的合法性机制探究

温莹莹 著

43

社会科学文献出版社

SOCIAL SCIENCES ACADEMIC PRESS (CHINA)

总　序

恩格斯说："一个民族要想站在科学的最高峰，就一刻也不能没有理论思维。"人类社会每一次重大跃进，人类文明每一次重大发展，都离不开哲学社会科学的知识变革和思想先导。中国特色社会主义进入新时代，党中央提出"加快构建中国特色哲学社会科学学科体系、学术体系、话语体系"的重大论断与战略任务。可以说，新时代对哲学社会科学知识和优秀人才的需要比以往任何时候都更为迫切，建设中国特色社会主义一流文科大学的愿望也比以往任何时候都更为强烈。身处这样一个伟大时代，因应这样一种战略机遇，2017 年 5 月，中国社会科学院大学以中国社会科学院研究生院为基础正式创建。学校依托中国社会科学院建设发展，基础雄厚、实力斐然。中国社会科学院是党中央直接领导、国务院直属的中国哲学社会科学研究的最高学术机构和综合研究中心，新时期党中央对其定位是马克思主义的坚强阵地、党中央国务院重要的思想库和智囊团、中国哲学社会科学研究的最高殿堂。使命召唤担当，方向引领未来。建校以来，中国社会科学院大学聚焦"为党育人、为国育才"这一党之大计、国之大计，坚持党对高校的全面领导，坚持社会主义办学方向，坚持扎根中国大地办大学，依托中国社会科学院强大的学科优势和学术队伍优势，以大院制改革为抓手，实施研究所全面支持大学建设发展的融合战略，优进优出、一池活水，优势互补、使命共担，形成中国社会科学院办学优势与特色。学校始终把立德树人作为立身之本，把思想政治工作摆在突出位置，坚持科教融合、强化内涵发展，在人才培养、科学研究、社会服务、文化传承、国际交流合作等方面不断开拓创新，为争创"双一流"大学打下坚实基础，积淀了先进的发展经验，呈现出蓬勃的发展态势，成就了今天享誉国内的"社科大"品牌。"中国社会科学院大学文库"就是学校倾力打造的学术品牌，如果将学校之前的学术研究、学术出版比作一道道清澈的溪流，"中国社会科学院大学文库"的推出可谓厚积薄发、百川归海，恰逢其时、意义深远。为其作序，我深感荣幸和骄傲。

高校处于科技第一生产力、人才第一资源、创新第一动力的结合点，是新时代繁荣发展哲学社会科学，建设中国特色哲学社会科学创新体系的重要组成部分。我校建校基础中国社会科学院研究生院是我国第一所人文社会科学研究生院，是我国最高层次的哲学社会科学人才培养基地。周扬、温济泽、胡绳、江流、浦山、方克立等一大批曾经在研究生院任职任教的名家大师，坚持运用马克思主义开展哲学社会科学的教学与研究，产出了一大批对文化积累和学科建设具有重大意义、在国内外产生重大影响、能够代表国家水准的重大研究成果，培养了一大批政治可靠、作风过硬、理论深厚、学术精湛的哲学社会科学高端人才，为我国哲学社会科学发展进行了开拓性努力。秉承这一传统，依托中国社会科学院哲学社会科学人才资源丰富、学科门类齐全、基础研究优势明显、国际学术交流活跃的优势，我校把积极推进哲学社会科学基础理论研究和创新，努力建设既体现时代精神又具有鲜明中国特色的哲学社会科学学科体系、学术体系、话语体系作为矢志不渝的追求和义不容辞的责任。以"双一流"和"新文科"建设为抓手，启动实施重大学术创新平台支持计划、创新研究项目支持计划、教育管理科学研究支持计划、科研奖励支持计划等一系列教学科研战略支持计划，全力抓好"大平台、大团队、大项目、大成果"等"四大"建设，坚持正确的政治方向、学术导向和价值取向，把政治要求、意识形态纪律作为首要标准，贯穿选题设计、科研立项、项目研究、成果运用全过程，以高度的文化自觉和坚定的文化自信，围绕重大理论和实践问题展开深入研究，不断推进知识创新、理论创新、方法创新，不断推出有思想含量、理论分量和话语质量的学术、教材和思政研究成果。"中国社会科学院大学文库"正是对这种历史底蕴和学术精神的传承与发展，更是新时代我校"双一流"建设、科学研究、教育教学改革和思政工作创新发展的集中展示与推介，是学校打造学术精品、彰显中国气派的生动实践。

"中国社会科学院大学文库"按照成果性质分为"学术研究系列""教材系列""思政研究系列"三大系列，并在此分类下根据学科建设和人才培养的需求建立相应的引导主题。"学术研究系列"旨在以理论研究创新为基础，在学术命题、学术思想、学术观点、学术话语上聚焦聚力，推出集大成的引领性、时代性和原创性的高层次成果。"教材系列"旨在服务国家教材建设重大战略，推出适应中国特色社会主义发展要求、立足学术和教学前沿、体现社科院和社科大优势与特色、辐射本硕博各个层次、涵盖纸质和数字化等多种载体的系列课程教材。"思政研究系列"旨在聚焦重大理论问题、工作探索、实践经验等领域，推出一批思想政治教育领域具有影响力的理论和实践研究成果。文库将借助与社会科学文献出版社的战略合作，加大高层次成果的产出与传播力度。既突出学术研究的理论性、学术性和创新性，推出新时代哲学社会科学研究、教材编写和思政研究的最新理论成果；又注重引导围绕国家重大战略需求开展前瞻性、针对性、储备性政策研究，推出既通"天线"、又接"地气"，能有效发挥思想库、智囊团作用的智库研究成果。文库坚持"方向性、开放式、高水平"的建设理念，以马克思主义为领航，严把学术出版的政治方向关、价值取向关、学术安全关和学术质量关。入选文库的作者，既有德高望重的学部委员、著名学者，又有成果丰硕、担当中坚的学术带头人，更有崭露头角的"青椒"新秀；既以我校专职教师为主体，也包括受聘学校特聘教授、岗位教师的社科院研究人员。我们力争通过文库的分批、分类持续推出，打通全方位、全领域、全要素的高水平哲学社会科学创新成果的转化与输出渠道，集中展示、持续推广、广泛传播学校科学研究、教材建设和思政工作创新发展的最新成果与精品力作，力争高原之上起高峰，以高水平的科研成果支撑高质量人才培养，服务新时代中国特色哲学社会科学"三大体系"建设。

历史表明，社会大变革的时代，一定是哲学社会科学大发展的时代。当代中国正经历着我国历史上最为广泛而深刻的社会变革，也正在进行着人类历史上最为宏大而独特的实践创新。这种前无古人的伟大实践，必将给理论创造、学术繁荣提供强大动力和广阔空间。我们深知，科学研究是永无止境的事业，学科建设与发展、理论探索和创新、人才培养及教育绝非朝夕之事，需要在接续奋斗中担当新作为、创造新辉煌。未来已来，将至已至。我校将以"中国社会科学院大学文库"建设为契机，充分发挥中国特色社会主义教育的育人优势，实施以育人育才为中心的哲学社会科学教学与研究整体发展战略，传承中国社会科学院深厚的哲学社会科学研究底蕴和 40 多年的研究生高端人才培养经验，秉承"笃学慎思明辨尚行"的校训精神，积极推动社科大教育与社科院科研深度融合，坚持以马克思主义为指导，坚持把论文写在大地上，坚持不忘本来、吸收外来、面向未来，深入研究和回答新时代面临的重大理论问题、重大现实问题和重大实践问题，立志做大学问、做真学问，以清醒的理论自觉、坚定的学术自信、科学的思维方法，积极为党和人民述学立论、育人育才，致力于产出高显示度、集大成的引领性、标志性原创成果，倾心于培养又红又专、德才兼备、全面发展的哲学社会科学高精尖人才，自觉担负起历史赋予的光荣使命，为推进新时代哲学社会科学教学与研究，创新中国特色、中国风骨、中国气派的哲学社会科学学科体系、学术体系、话语体系贡献社科大的一份力量。

（张政文　中国社会科学院大学党委常务副书记、校长，中国社会科学院研究生院副院长、教授、博士生导师）

目　录

第一章　农村公共物品供给及其有效实现　　　/ 1

一　农村公共物品供给　　　　　　　　　　　　　/ 1

二　农村公共物品供给的影响因素　　　　　　　　/ 3

三　我国农村公共物品供给制度变迁　　　　　　　/ 10

四　理论框架：合法性机制视角　　　　　　　　　/ 17

五　研究问题与方法　　　　　　　　　　　　　　/ 20

第二章　合法性机制初探

　　　　　——基于北京、福建定量数据的比较研究　/ 28

一　国家—社会关系理论下的公共物品供给参与意愿　/ 29

二　理论再检验：北京、福建不同影响因素的比较研究　/ 31

三　小结　　　　　　　　　　　　　　　　　　　/ 39

第三章　制度认知及其影响

　　　　　——基于福建省农户问卷的数据分析　　/ 41

一　"一事一议"、项目制背景下的农村公共物品供给　/ 41

二　参与意愿的制度影响因素　　　　　　　　　　/ 43

三　制度认知和公共物品供给参与意愿：实证结果　/ 47

四　小结　　　　　　　　　　　　　　　　　　　/ 52

第四章　认知合法性机制与公共物品供给

　　——基于村庄个案研究　　　　　　　　　　　　/ 54

一　制度、制度合法性与公共物品供给　　　　　　/ 54

二　个案概况与研究预设　　　　　　　　　　　　/ 57

三　认知合法性机制与 T 村的公共物品供给　　　　/ 61

四　小结　　　　　　　　　　　　　　　　　　　/ 70

第五章　规范合法性机制

　　——普遍道德与中国农村公共物品供给　　　　/ 72

一　公共物品供给困境　　　　　　　　　　　　　/ 72

二　普遍道德与公共物品供给集体行动困境　　　　/ 75

三　实证分析：普遍道德与中国农村公共物品供给　/ 82

四　培育普遍道德：公共参与　　　　　　　　　　/ 90

五　小结　　　　　　　　　　　　　　　　　　　/ 98

第六章　合法性机制的比较研究（上）　　　　　/ 102

一　公共物品供给的制度分析视角　　　　　　　　/ 102

二　制度合法性机制与公共物品供给　　　　　　　/ 103

三　制度合法性机制视角下的公共物品供给参与意愿　/ 105

四　小结　　　　　　　　　　　　　　　　　　　/ 118

第七章　合法性机制的比较研究（下）　　　　　/ 122

一　行动者、制度与农村公共物品供给　　　　　　/ 122

二　村庄公共物品供给组织及其制度　　　　　　　/ 125

三　制度合法性机制比较研究　　　　　　　　　　/ 128

四　小结　　　　　　　　　　　　　　　　　　　/ 132

第八章　公共物品供给研究的群体结构视角　／135

一　公共物品自我供给的个体视角　／135

二　从个体到群体结构视角　／138

三　群体结构视角的发展及其解释　／139

四　群体结构视角的实验论证　／144

五　理论贡献与对中国研究的启发　／150

第九章　总结与展望　／156

一　制度合法性机制与村庄公共物品供给　／156

二　合法性机制是公共物品供给制度有效实施的关键　／157

三　未来方向　／160

参考文献　／163

后　记　关于公共物品供给"搭便车"困境的研究探索　／190

第一章
农村公共物品供给及其有效实现

一 农村公共物品供给

公共物品思想源远流长，最早可以追溯到英国哲学家霍布斯和休谟，而后，经过斯密、穆勒等人的研究与发展，1954 年保罗·萨缪尔森首次完整地提出了公共物品这一概念。萨缪尔森以非排他性和非竞争性为标准对物品进行了私人物品和公共物品的严格区分，他认为，公共物品是每个人对一个物品的消费，且他人对这种物品的消费不会因某一个人对此的消费而减少（Samuelson，1954）。萨缪尔森的公共物品概念得到了学术界的广泛认同。

公共物品是与私人物品相对应的一个概念，指的是一经产生全体社会成员便可以无偿共享的物品，它具有非竞争性和非排他性特征，一般不能有效通过市场机制由企业和个人提供，主要由政府提供。所谓"非竞争性"，是指某人对公共物品的消费并不会影响别人同时消费该产品及其从中获得的效用，即在给定的生产水平下，为另一个消费者提供这一物品所带来的边际成本为零。所谓"非排他性"，是指某人在消费一种公共物品时，不能排除其他人消费这一物品（不论他们是否付费），或者排除的成本很高。

根据这两个特性，可以将公共物品简单地分为两类。第一类是纯公共物品。其具有完全的非竞争性和非排他性，如国防、民主、法制等，也就是说对于纯公共物品，所有人都可以共享，彼此之间不会相互影响。第二类是准公共物品。其具有有限的竞争性和局部的排他性，即超过一定的临界点，非竞争性和非排他性就会消失，拥挤就会出现，如公路、公共教育、公共图书馆、公园等。如果人数太多，超过一定数量，就会造成拥挤，给所有人带来不便。

20 世纪 50 年代以前，公共物品主要由政府提供。但在 20 世纪 60 年代后，随着社会环境和经济环境的巨大变化，社会成员对公共物品数量、质量的需求也发生了相应变化，政府在公共物品供给方面出现了能力不足、效率低下的问题，此时，为弥补公共物品供给政府失灵，在市场程度较高的发达国家，部分公共物品甚至是主要公共物品开始由市场提供。但受市场逐利趋势的影响，公共物品供给出现了市场失灵。此时，不以营利为目的、以无偿形式提供公共物品的自愿供给出现。因此，从公共物品供给的世界经验来看，供给主体随着供给物品需求结构变动而不断变动。归纳总结世界各国公共物品供给主体可以发现，当今社会，政府、市场和自愿组织都在供给公共物品。因此，这三种供给主体可以对应公共物品供给领域的三种主要组织形式，即政府组织、企业和社会组织。

公共物品供给是指公共物品的供给主体，在供给机制的调节下提供公共物品的过程。社会公共需求是公共物品产生的根源。历史地看，社会公共需求具有动态性特征，不同历史时期社会对公共物品的需求不同。农村公共物品是指在村庄社区范围内，满足农村公共需求，市场不能提供或不能完全由市场提供的具有非竞争性、非排他性的社会产品或服务（农业部课题组，2005）。

新中国成立以来，我们在很长一段时间实行了农业补给工业、农村支持城市的策略。国家有意识地将财政资金向城市和工业倾斜，由此形成中国特有的城乡二元经济结构。在该背景下，我国农村和城市分别实行两套不同的公共物品供给制度：城市中的公共基础设施建设等主要由政府提供，其公共项目投资由国家财政支付；农村社会所需的生产性、非生产性公共物品等，主要由县、乡镇政府提供以及农村农民自我供给，上级政府在财政上给予适当补助。农村公共物品供给所需的资金并没有被纳入正式的国家财政制度中。在中国农业基础薄弱和农村经济欠发达的背景下，这种仅靠制度外筹资的方式进行农村公共物品供给的效力十分有限。首先，这种供给模式缺乏稳定的专项资金支出保障，必将在总体上导致农村公共物品供给不足。财政资金的投入是公共物品供给的核心必要条件，资金缺位是公共物品供给不足最主要的原因之一。张军和何寒熙（1996）认为，在农村实行家庭联产承包责任制后，地方财政收入萎缩以及缺乏有效的农户投入激励机制，最终导致农村公共物品供给缺位的困境。王磊和钟景志（2004）用农业支出占国家财政支出的比重和农业投入比重下降的具体数据呈现了我国农村生产基础设施建设投入、农村教育和社会保障等农村生产性公共物品供给总体不足的现状。其次，农村现有的公共物品制度外供给模式中的政府责任不清，也容易使农村公共物品供给陷入困境。

不论是财政资金缺位，还是供给主体及供给责任不清，都会给农村公共物品供给造成困境，从而影响农村公共物品的有效供给。不过，这些影响因素都是显性和外在的。那么，从深层次来看，真正影响我国农村公共物品供给的主要因素有哪些？以往的研究分别从制度因素、经济因素以及社会资本等社会因素出发，发展出三种截然不同的理论预设。这三种理论预设同样可以作为研究中国农村公共物品供给问题的分析框架。在这样的分析框架下，我们需要分别考察：制度因素、经济因素和社会因素是否影响着中国农村的公共物品供给？它们分别是如何以及在何种程度上影响着中国农村的公共物品供给的？

二　农村公共物品供给的影响因素

（一）制度因素：制度设计与农村公共物品供给

已有的治理理论一直在强调制度设计的重要性。不过并非所有的制度安排都会带来良好的治理结果。从我国农村公共物品供给的现状来看，情况确实不尽理想。张琳（2007）对我国农村公共物品供给问题进行了研究综述，总结了已有研究的某些共识，即相关学者认为我国农村公共物品存在总体供给不足、供给结构不合理、供给责任划分不清、供给主体错位缺位和供给效率低下等问题。从本质上来说，我国农村公共物品供给制度从新中国成立后的人民公社时期一直沿袭至今。李建军（2010）研究了我国农村公共物品供给制度的路径变迁后指出，现行农村公共物品供给制度存在一定的路径依赖问题，相关制度仍然承袭制度形成初期的某些特点，这主要表现在两个方面：一是政府是农村公共物品供给的主要决策者；二是农民是农村公共物品供给的主体，承担着实际的公共物品供给。

由此，目前我国农村公共物品供给所存在问题的原因似乎都指向了现有供给制度。因为这一套制度设计中，存在不合理的筹资机制、没有权责明确的行政制度（决策和管理机制），也没有有效的监督制度。但现有的文献并不足以说明不同的制度设计将对农村公共物品供给产生差异性的影响。不合理的筹资机制或不合理的生产管理机制是否真的对公共物品供给有影响，还未得到研究的证实。国外有些学者从民主制度的视角对公共物品供给做了研究。已有理论和实证研究表明，在发达国家，民主制度对公共物品供给有显著影响（Lizzeri and Persico，2001；Besley & Burgess，2002；Besley & Coate，2001）。Lizzeri 和 Persico（2004）认为，按照"公共物品需求增加论"，政府在实施民主选举制度的同时还需增加公共物品支出，而不是增加转移支付。按照他们的观点，民主选举可以促进政府加大对公共物品供给的投入力度。不过，国内学者张晓波等（2003）基于对 2000 年在江苏境内 6 个县市共计 60 个村庄的调研数据的分析提出，仅仅依靠民主选举并不能确保增加村财务支出中公共投资的比例，只有真正实现农民共同参与决策，公共支出中用于公共物品供给的比例才会增加。Lily Tsai[①] 于 2001 年对中国 7 个不同省份的 316 个村庄进行了调查研究和数据分析，得到了类似的结论：与民主理论预测相反的是，选举和村民代表大会制度的施行对政府公共物品供给并没有很强的积极影响（蔡晓莉，2006）。

在制度安排层面，国内大多数学者只做了理论上的探讨，鲜有学者对我国现有农村公共物品供给的制度设计进行实证研究。我们仍然难以确定现有的制度安排在多大程度上发挥了它的效用。在现有的供给制度中，自上而下

---

① 中文译名为蔡晓莉。

的决策机制和制度外筹资供给在何种程度上以及如何影响着我国农村公共物品的供给？我们也无法对农村公共物品的供给主体及其供给行为进行有效监督。这些是否意味着建立一套自上而下的完善的管理监督机制尤为重要？这些问题都有待进一步的实证研究。

（二）经济因素：经济发展与农村公共物品供给

影响农村公共物品供给的不仅是制度因素，与制度因素同样重要的还有经济因素和社会因素。关于经济发展是否与农村公共物品供给紧密相关的问题，国内学者张秀生（2008）研究了农村公共物品供给对农民收入增长的影响。于丽敏（2003）认为农村公共物品供给不足对农村经济发展具有瓶颈效应，农村公共物品供给不足在一定程度上阻碍了农村经济的进一步发展。农村公共物品供给对于农村的经济发展固然重要，但反过来，农村的经济发展水平对当地公共物品供给的影响也是不容忽视的。从理论上讲，如果控制住所有其他的影响因素，单从经济发展角度考察其对农村公共物品供给的影响，我们可以认同治理理论预测的第一个观点：是经济因素而非社会因素决定着公共物品供给的质量。因为更高的经济发展水平意味着该地区拥有更多用于投入公共物品的财政资金和资源，所以不仅居民可能拥有更高的收入，政府也能拥有更多的财政税收。这样，不论是制度外筹资还是制度内筹资，当地的公共物品供给都会拥有更多的财政资金保障。而不管怎样，财政资金是公共物品供给的核心必要条件。所以从理论上推测，经济发展水平直接影响当地的公共财政状况，从而影响该地区的公共物品供给。如果控制了所有其他的变量，经济发展与当地的公共物品供给一定是呈正相关关系的。

但是现实的情况是政府拥有更多的税收和充足的财政资金，并不能保证政府用于公共物品供给的投入必然增加。Tsai 在中国农村的研究数据表明，经济因素对中国农村地方政府提供公共物品并没有显著影响。她用具体数据说明了农村乡镇企业和私有企业给当地带来的经济发展和税收可能促进了当地公共物品更好的供给，但并不与当地政府对公共物品的投入呈正相关（Tsai，2007a，2007b）。由此看来，经济发展也并不必然与良好的治理相关（蔡晓莉，2006）。换句话说，经济发展并不一定会促进当地的公共物品供给。在复杂的现实社会环境下，影响农村公共物品供给的因素是多方面的，我们是否可以认定经济因素对我国农村公共物品供给起到决定性的作用？经济因素在所有的影响因素中扮演怎样的角色？对于这些问题，已有的研究并未给出明确的答案。

（三）社会因素：农民的行动逻辑与农村公共物品供给

根据已有理论提供的三大预测，如果制度安排和经济发展水平都无法全面解释我国农村公共物品供给的影响因素，那么我们可以进一步考察农村的社会结构、宗族制度、历史文化等社会因素。不过社会因素与制度因素、经济因素有所不同：制度因素和经济因素直接影响农村公共物品供给的好坏；社会因素则是从方方面面影响村庄"农民的行动逻辑"，从而间接地影响村庄的公共物品供给状况。贺雪峰（2006）对"农民的行动逻辑"有过专门的研究和论述。按照他的观点，"所谓农民的行动逻辑，意指农民行动所遵循的原则和规律"。如果站在一个村庄的立场，在制度设计和经济环境不理想的情况下，我们无法在短时间内改变当前的制度安排和现有的经济环境，那么我们唯有结合村庄具体的社会环境，尝试动员村庄中的广大农民——通过影响村庄"农民的行动逻辑"——为村庄提供公共物品。确实，正如下文将要分析的，农民本身才是农村公共物品真正的筹资和供给主体（李建军，2010）。在税费改革之前，农村公共物品的财政资金主要来源于农民支付的公积金、"三提五统"等；在税费改革之后，财政资金主要来源于上级政府的转移支付和村民筹资合作的"一事一议"。但事实上，国家转移支付的数额十分有限，"一事一议"制度在实施中也没有真正发挥效用（涂圣伟，2009）。所以，综观我国农村公共物品供给的制度变迁，只要制度外筹资的方式没有发生根本改变，农民始终逃脱不了在公共物品供给中作为筹资主体的责任。甚至在必要的时候，村一级组织和农民还要承担起村庄公共物品供给主体的责任。张林秀等（2005a）学者对农村公共物品投资问题进行了研究，收集的定量数据表明，农村村一级组织和农民自己担负了他们公共物品投资的很大一部分。虽然贺雪峰、罗兴佐（2006）坚持国家在农村公共物品供给中的主体作用，但也有学者坚持农民的供给主体地位（宋敏，2006），认为由农户自愿供给农村社区内的公共物品会是一个有效的方案（符加林等，2007）。我们相信经济环境会一直发生变化，农村公共物品供给制度也会不断完善和变迁。从长远来看，经济环境和供给制度的变化，可能会改变村庄农民在农村公共物品中筹资和供给的主体地位。但是，不可否认的是，村庄农民始终是农村公共物品的消费主体。作为供给主体，我们可能需要考察农民的筹资和供给意愿对农村公共物品供给的影响；而作为消费主体，我们可能需要考察农民的民主参与和监督对农村公共物品供给制度的影响，以及如何影响政府为农村社会提供公共物品。所以，不论是作为农村公共物品中的供给主体还是消费主体，"农民的行动逻辑"不可避免地会对公共物品供给状况产生影响。

在公共物品供给研究中，研究者们一般将农民的行动当成集体行动来考察。公共选择理论上的哈丁的"公地悲剧"、普遍使用的"囚徒困境"和奥尔森的"集体行动的逻辑"的理论模型，均说明了人们在公共物品供给上，常常面临"搭便车"、逃避责任或其他机会主义行为的诱惑，没有足够动力为集体共同的利益做贡献，最终只选择做一个"搭便车"者（奥尔森，2014）。为解决人们在公共物品供给中的集体行动困境，奥斯特罗姆（2000）通过研究公共池塘资源的自主治理，发展出自主组织和自主治理理论。她还提出了确保这种制度设计成功的八项具体的设计原则。帕特南的社会资本理论为克服公共物品供给中的集体行动困境提供了另一种可能的解释。社会资本理论强调在市场、政府以及个人之外发展各种社会协会、兴趣集团等组织（Ehrenberg，1999）。这些组织形成的"社会资本"——包含社会信任、互惠的规范和社会交往网络等要素——鼓励了公共精神的产生，从而推动了集体行动（帕特南，2001）。国内已有学者基于自主治理理论和社会资本理论，结合某村庄村民自发合作修路成功的案例，对村民自发合作提供小规模公共物品的行为进行理论和实证分析（苏杨珍、翟桂萍，2007）。

奥斯特罗姆的自主治理理论和帕特南的社会资本理论固然都为我们提供了很好的分析框架，可以用于分析农民在农村公共物品供给中如何克服集体行动困境而达成公共物品供给的目的。但是结合我国目前的国情和农村的发展情况，政府在农村公共物品供给中始终是不可或缺的。从全国范围来讲，农村公共物品供给制度的设计者始终是政府。在"一事一议"制度之前，政府一直是农村公共物品供给的决策者。同时，农村地区经济欠发达，在提供大型公共物品（如学校、水利、饮用水和大型公路等）的时候，必然在资金方面严重依赖政府财政和投资。这种政府自上而下的决策机制在农村公共物品供给中占主导地位。所以，一般情况下，除非在一些村庄范围内的小规模的公共物品供给，如修村道、宗祠或寺庙等，否则我们难以运用奥斯特罗姆的自主治理理论去分析农村的公共物品供给。基于中国农村的社会结构，帕特南的社会资本理论也需慎用。帕特南所指的社会资本是基于特定的社会组织而形成的，这些社会组织主要指存在于商业、政府和家庭之外的自发的协会和组织集团等。在中国农村，除了宗族组织之外，其他完全独立于政府而高度自治的社会组织并不多见。Tsai 在考察了中国农村中普遍存在的村庙、血缘团体等在村庄公共物品供给中的作用后，得出了以下结论：并非所有的社会组织或社会资本对政府治理绩效以及提供公共物品等都有显著的积极影响（蔡晓莉，2006）。最后归纳出基于共同利益和共同责任而建立的、具有包容性和嵌入式的"连带团体"（solidary group）可以给当地官员带来足够强大的提供公共物品的激励（Tsai，2007a）。这里的包容性是指"连带团体"对于当地任何人都是开放的，这使得其社会边界与政治边界重叠；嵌入式是指"连带团体"的成员往往包含当地的官员。"连带团体"对于当地官员的激励机制是这样一个过程：由于"连带团体"的集团边界与当地的行政边界重叠，这些官员在为当地社会提供公共物品的同时，也服务了他所在的组织（连带团体）。他付出这些服务的回报是组织赋予他的道德权威，而这有助于他在执行政府政策时得到民众的积极配合与支持。反之，如果缺乏这样的道德权威，他可能会被排斥在各种社会活动之外，甚至被排斥在整个社区之外，而这种情况无疑会加重其行政成本。由此看来，这些组织（连带团体）之所以对公共物品供给产生积极影响，并不是因为这些组织产生了可以克服集体行动困境的社会资本。事实上，它们之所以对公共物品供给以及治理绩效有积极影响恰恰是因为它们并非完全独立于政府（蔡晓莉，2006）。这是完全有别于帕特南的社会资本理论的另一种作用机制。

　　显然，研究我国农村公共物品的供给问题，需要综合考察制度设计、经济发展水平和社会环境这三大因素对其的影响。不过目前在我国尚缺乏相应的实证研究，我们无法确定我国农村的公共物品供给在多大程度上依赖制度设计和经济发展水平。如果要做实证研究，考察制度因素和经济因素对农村公共物品供给的影响是比较容易的：一套制度设计的好坏和经济发展水平的高低可能直接影响农村公共物品供给情况的好坏。唯独社会因素对农村公共物品供给的影响是最复杂和不确定的。换句话说，制度设计的好坏和经济发展水平的高低是可以通过操作化测量和评估的，然后再从测量和评估结果去预测它们对于当地公共物品供给的影响，但是，社会因素难以操作化测量。在全国范围内，我们或许都无法找出具有完全相同社会环境的两个村庄。如果要从社会因素去考察农村的公共物品供给问题，其操作化测量难度是我们难以逃避的一个问题。但同时，这也给我们带来了极大的研究空间。不同的村庄存在不同的社会环境，所以对村庄农民行动逻辑的影响也是不尽相同的。在两个不同的村庄，即便两个村的农民都一致克服了集体行动困境，达成公共物品供给的组织目标，但其中作用于他们的社会因素可能完全不同。所以，在中国，处于不同社会环境下的村庄，究竟有哪些社会因素（如宗族等）影响着农民的行动逻辑？特别是在哪些社会因素的影响下，农民更容易克服集体行动的困境，从而增加当地村庄公共物品的有效供给？哪些社会因素可能与制度因素、经济因素相结合影响农民的行动逻辑？这些都是值得我们进一步研究的问题。

　　组织社会学认为，组织在运行中需要面对技术环境和制度环境，分别对应效率机制和合法性机制。社会学的新制度主义认为，制度运行效果同样需要考虑技术环境和制度环境，除了效率机制，更重要的是合法性机制。这里的合法性不仅包括法律制度的影响，而且包括文化制度、观念制度、社会期待等制度环境对组织行为的影响。合法性机制的基本思路是社会的法律制度、文化制度、观念制度成为被人们广为接受的社会事实，具有强大的约束力量，规范着人们的行为（周雪光，2003）。

　　合法性机制是新制度主义理论最为重要的机制，也是社会学理论中的核心概念之一（周雪光，2003）。合法性机制要求我们关注制度环境，除了制度还有外在的文化、社会规范等。新制度主义理论强调合法性机制的重要性。已有关于合法性机制的研究，将制度当成一个整体，本书借鉴新制度主义理论对合法性机制的重视，从制度具体的三大要素——规制性、规范性和文化-认知性——出发，分别讨论不同要素为制度运行带来的合法性机制。综上，我们实际上是结合了制度因素和社会因素，把制度因素放在社会因素中考察制度不同要素的合法性机制对制度效果所起到的作用。本书将在接下来的章节中对这些问题展开具体的讨论。

三　我国农村公共物品供给制度变迁

公共物品供给制度是指在公共物品供给过程中，为了降低公共物品供给组织内部和组织之间的交易成本，通过提供激励机制，平衡各主体之间的利益关系，经过利益计算和博弈而形成的一系列公共物品供给契约。经济学家诺斯（1994）将制度分为正式制度和非正式制度，公共物品供给制度也可以分为正式制度（法律法规）和非正式制度（习惯、行为准则、伦理规范）。按照诺斯的制度分类法，政府与市场供给因其稳定性与确定性归属正式制度安排，而社会组织的自愿供给因暂时性和不确定性的存在属于一种非正式制度安排。

农村公共物品供给事关农民生活、农业生产与农村发展，一直为党和政府所高度重视。通过梳理学界相关研究以及国家对乡村出台的重要政策，本书将我国农村公共物品供给划分为三个主要阶段。

（一）三提五统、民办公助

第一阶段对应的时期为改革开放后至税费改革前（1978～2005 年）。改革开放以来的制度变革对我国农村公共物品供给产生了巨大影响。1978 年以来，以家庭联产承包为基础的统分结合的双层经营体制逐渐取代了原来"三级所有，队为基础"的人民公社体制，财政包干的乡镇政府取代了"政社合一"的人民公社。农村经营体制的改革极大地激发了农民的生产积极性和自主参与、自我供给农村公共物品的活力。乡镇企业的发展增加了地方政府的财政收入，地方政府也有余力推动农村公共物品的供给。

1994 年的分税制改革在改变中央与地方财政关系的同时，也影响了农村社会的公共物品供给。分税制强化了中央财权，但地方政府的事权不减反增，地方财力缺口扩大。农村基层税费制度的不稳定使得农民负担也不断加重，甚至一度造成了"上下交征利"的危险局面，而这又在很大程度上削弱了村庄自主、自我供给公共物品的能力。在各级政府上收财权、下压事权的背景下，农村对转移支付的依赖程度逐步提高，加上转移支付包含大量的"戴帽"资金，乡镇政府不能根据自己的偏好自由安排使用。虽然国家通过粮食保护价减轻了农民的粮税负担，但各种其他形式的农民负担，主要是"三提五统"和各种集资收费两大方面却有增无减。三提五统即"三项提留、五项统筹"，是人民公社分配制度的遗迹。三项提留指村级组织的管理费、公积金和公益金。五项统筹则是指乡镇政府用于乡村道路、农村教育、计划生育、民兵训练和优抚等公共事业的五类费用。三提五统构成了农村公共物品供给的主要资金来源，但由于是乡村两级自收自用的费用，国家对此并没有明确统一的标准，这不免又加重了农民的负担。除此之外，随着农村经济社会的逐步发展，农村居民对公共物品的需求也逐年上升。在收支双重压力下，农民负担越来越重。这些问题在 20 世纪 90 年代中期以后愈演愈烈。

"十五"时期（2001～2005 年）之初，我国开始了以减轻农民负担为中心，以取消"三提五统"等税外收费、改革农业税收为主要内容的农村税费改革。2000 年 3 月，中共中央、国务院正式出台了《关于进行农村税费改革试点工作的通知》，首先在安徽全省进行改革试点。农村税费改革试点的主要内容是：取消乡五项统筹和农村教育集资等专门面向农民的收费和集资；取消屠宰税和除烟叶特产税以外的农业特产税；取消统一规定的劳动积累工和义务工；改革村提留征收使用办法；调整农业税和农业特产税政策。简单而言，税费改革可以总结为"三个取消、一个改革和一个调整"。2001 年，江苏全省也开始推行此项改革。2002 年 3 月 7 日，试点范围扩大至河北、内蒙古、黑龙江、吉林等 16 个省（区、市）。同年，上海和浙江开始自行改革。2003 年，国务院下发了《关于全面推进农村税费改革试点工作的意见》，农村税费改革推广至全国。2006 年全面取消农业税后，与农村税费改革前的 1999 年相比，中国农民每年减负总额将超过 1000 亿元，人均减负 120 元左右（徐琰超等，2015）。全面取消农业税表明中国在减轻农民负担，实行工业反哺农业、城市支持农村方面取得了重要突破。需要指出的是，农村税费改革削弱了基层政府与村庄对农民的汲取能力，虽在一定程度上减轻了农民的负担，但也弱化了地方政府和村委会提供农村公共物品的经济能力。

（二）"一事一议"制度

第二阶段主要是"一事一议"制度，对应的时间为税费改革后至乡村振兴战略实施前（2006~2011 年）。税费改革的实施，一方面比较有效地遏制了农村"三乱"（乱摊派、乱收费、乱集资），明显减轻了农民负担；另一方面，许多农村大型的扶贫项目和资源，不再由乡镇政府与村委会直接经手进行管理和调配，而是由县级政府通过纵向输入的方式直接向农村地区提供公共物品的服务与建设，这造就了"悬浮式"的地方政权（周飞舟，2006）。税费改革的实施，虽然减轻了农民的家庭负担，但也使得原本就供给不足的各类基础设施、农村义务教育、社会治安、公共政策与信息的收集与发布等公共物品和服务更加短缺。为此，需要构建起有效的农村公共物品供给制度。

"一事一议"制度大致经历了两个阶段。2011 年之前，村级公共物品自愿性供给的主要方式是"一事一议"筹资筹劳制度，村民通过筹资筹劳为村庄提供公共物品，政府不给予奖励或补助。但研究发现，筹资筹劳制度的实施效果并不理想，无法有效解决农村税费改革以来村庄公共物品供给不足的问题。为了缓解筹资筹劳制度出现的困境，2008 年之后，全国逐步推广"一事一议"财政奖补制度，以村民民主决策、自愿出资出劳为前提，政府给予财政补助。事实上，这一制度实施的目的在于结合政府投入和农民出资出劳的参与方式共同推进农村公共物品供给与村庄发展。这一制度安排，实际上也凸显了在村庄公共物品供给中，农民的公共参与和国家项目的财政资助具有同等的重要性。"一事一议"财政奖补制度于 2011 年正式向全国推广。这一制度在"一事一议"筹资筹劳的基础上，增加了上级政府的"财政奖补"。

随着"一事一议"财政奖补制度的推广，农村项目化公共物品供给应运而生。近年来，项目制在国家治理中发挥着重要的作用。在财政、教育、社会治理、基础设施建设等各个领域中，项目化运作都较为常见。项目制设定专项目标，配备专项资源推进自上而下的治理任务。从资金构成上看，"一事一议"财政奖补制度中，国家出资、地方政府配套以及村庄内部自筹构成了主要的资金来源，且三方将根据项目规模与具体要求承担不同的资金比。在"一事一议"财政奖补制度的实际运作中，政府财政对村级公共项目的奖补比例一般为 50% 及以上，但仍未做到全额补助，村民筹资筹劳仍然是村级公共物品供给的重要组成部分。比如李秀义和刘伟平（2015）在福建的调查显示，在扣除财政奖补和村集体以及社会捐赠资金后有些村庄村民筹资筹劳仍然占到"一事一议"公益事业项目资金的 31.48%。在"一事一议"财政奖补制度下，村级项目化公共物品供给虽然得到了一定的提升，但国家项目资金不可能完全包揽农村公共物品供给，不能完全解决税费改革与项目制共同导致的农村内部组织能力弱化问题，加剧了项目化公共物品供给的困境。

（三）多元主体参与

这一阶段对应的时间为精准扶贫至乡村振兴战略时期（2012 年前后至今）。已有研究指出，当前农村公共物品供给还存在一些问题，其中，供给主体单一是大部分村庄公共物品供给不足的重要原因。国家、市场与社会是乡村公共物品供给和社会治理的三个重要力量。值得注意的是，虽然我国企业参与乡村公共物品供给和社会治理由来已久，但多采用单打独斗的、粗放的、输血的方式进入乡村。党的十八大强调，"深入推进新农村建设和扶贫开发，全面改善农村生产生活条件"。2013 年中央一号文件《中共中央 国务院关于加快发展现代农业进一步增强农村发展活力的若干意见》提出要"鼓励社会资本投向新农村建设。各行各业制定发展规划、安排项目、增加投资要主动向农村倾斜。引导国有企业参与和支持农业农村发展。鼓励企业和社会组织采取投资筹资、捐款捐助、人才和技术支持等方式在农村兴办医疗卫生、教育培训、社会福利、社会服务、文化旅游体育等各类事业，按规定享受税收优惠、管护费用补助等政策。落实公益性捐赠农村公益事业项目支出所得税前扣除政策。鼓励企业以多种投资方式建设农村生产生活基础设施"。2014 年中央一号文件《中共中央 国务院印发〈关于全面深化农村改革加快推进农业现代化的若干意见〉》从 33 个方面对全面深化农村改革等进行了全面部署，文件提出推进城乡基本公共服务均等化。这也是首个直接明确关注基层农村公共物品供给效率的中央一号文件，更加强调充分调动多元供给主体的积极性和创造性。2013 年 11 月，习近平总书记到湖南湘西考察时首次提出了"精准扶贫"的思想，此后在 2015 减贫与发展高层论坛上强调，中国扶贫攻坚工作实施精准扶贫方略，广泛动员全社会力量参与扶贫。2016 年发布的《全国工商联 国务院扶贫办 中国光彩会关于推进"万企帮万村"精准扶贫行动的实施意见》提出，要与各方面协同发力，先富帮后富，共同构建专项扶贫、行业扶贫、社会扶贫互为补充的大扶贫格局。

企业不同于从国家大局观出发的政府统筹，在"万企帮万村"精准扶贫行动指引下更能根据所处行业特点、利用企业自身优势有效帮扶贫困地区。响应国家号召，民营企业按照国家"集中连片、突出重点、全国统筹、区划完整"的整体部署，以 14 个集中连片特殊困难地区、680 个县为主战场，积极参与新一轮农村扶贫开发。2015 年精准脱贫攻坚战全面打响以来，民营企业以建档立卡贫困村、贫困户为帮扶对象，以产业扶贫、就业扶贫、公益扶贫、消费扶贫为主要帮扶途径，组织发起了"万企帮万村"精准扶贫行动。我国企业积极响应，不断进行社会价值创新，探索出了许多联动性的、精准的、可持续的长效化模式，逐渐成为与国家和社会协同参与农村公共物品供给的又一重要力量。

在我国农村公共物品供给中，政府始终是最重要的供给主体。在党的十八大后，中央一号文件开始强调鼓励社会资本积极参与新农村建设，在政策层面强调了农村公共物品的多元供给主体，尤其鼓励在政府供给之外，动员企业等市场力量对公共物品供给进行补充。党的十九大报告指出，农业农村农民问题是关系国计民生的根本性问题，必须始终把解决好"三农"问题作为全党工作的重中之重，提出要实施乡村振兴战略。2018 年 9 月发布的

《乡村振兴战略规划（2018—2022年）》提出，要对农村实行大力的扶持政策，加大农村公共物品投入力度，弥补农村发展的短板，同时对农村公共物品供给提出新的要求，主要表现在农村人居环境等方面，从而使农村供给现状有了明显改善。2018～2023年中央一号文件中关于农村公共物品供给的内容如表1-1所示。

表1-1　2018～2023年中央一号文件中关于农村公共物品供给的内容

中央一号文件		农村公共物品供给及社会治理相关内容
2018年	《中共中央 国务院关于实施乡村振兴战略的意见》	加强农村公共文化建设；提高农村民生保障水平，塑造美丽乡村新风貌；优先发展农村教育事业；健全覆盖城乡的公共就业服务体系；推动农村基础设施提档升级；加强农村社会保障体系建设；推进健康乡村建设；持续改善农村人居环境
2019年	《中共中央 国务院关于坚持农业农村优先发展做好"三农"工作的若干意见》	实施村庄基础设施建设工程；提升农村公共服务水平，全面提升农村教育、医疗卫生、社会保障、养老、文化体育等公共服务水平；加快推进城乡基本公共服务均等化；发挥好农民主体作用
2020年	《中共中央 国务院关于抓好"三农"领域重点工作确保如期实现全面小康的意见》	对标全面建成小康社会加快补上农村基础设施和公共服务短板。加大农村公共基础设施建设力度、提高农村供水保障水平、扎实搞好农村人居环境整治、提高农村教育质量、加强农村基层医疗卫生服务、加强农村社会保障、改善乡村公共文化服务、治理农村生态环境突出问题
2021年	《中共中央 国务院关于全面推进乡村振兴加快农业农村现代化的意见》	加强乡村公共基础设施建设、实施农村人居环境整治提升五年行动、提升农村基本公共服务水平
2022年	《中共中央 国务院关于做好2022年全面推进乡村振兴重点工作的意见》	扎实稳妥推进乡村建设。健全乡村建设实施机制、接续实施农村人居环境整治提升五年行动、扎实开展重点领域农村基础设施建设、大力推进数字乡村建设、加强基本公共服务县域统筹
2023年	《中共中央 国务院关于做好2023年全面推进乡村振兴重点工作的意见》	扎实推进宜居宜业和美乡村建设。加强村庄规划建设，扎实推进农村人居环境整治提升，持续加强乡村基础设施建设，提升基本公共服务能力

资料来源：笔者根据相关中央一号文件资料整理而成。

改革开放以来，党和政府高度重视农村公共物品供给。根据相关政策文件，2006年中央一号文件首次出现农村公共物品的提法。此后，在历年的中央一号文件中，每次提及农村公共物品，大多与农村基层政府和公共物品供给紧密相连。

已有研究认为，改革开放以来的农村公共物品供给政策演变呈现四个特点。第一，改革初期的中央一号文件强调农村公共物品供给主体的改革，国家供给，集体供给，也鼓励农民个人参与供给，并实行有偿使用制度。第二，2004~2008年的中央一号文件注重扩大农村公共物品供给范围、改善民生。这一阶段的5个中央一号文件针对农村公共物品供给做出了一系列重要的制度安排和政策设计，扩大了公共财政覆盖的农村范围，体现了改善民生的政策导向。第三，2009~2012年的中央一号文件促进公共物品供给公共性回归，这一阶段的政策对农村公共物品供给进行了系统改革和部署，对防止农村公共物品公共性流失、回归公共性具有重要指导。第四，党的十八大以来，中央一号文件深化改革，推动公共物品供给均等化。2014年中央一号文件首次直接明确关注农村公共物品供给效率问题，更加强调公共物品供给均等化和强调调动多元供给主体的积极性（李燕凌，2014）。

如上所述，从供给主体的角度看，可以将我国农村公共物品供给分为三个阶段：第一阶段为改革开放后至税费改革前（1978~2005年），这一阶段的供给制度可以概括为"三提五统、民办公助"；第二阶段为税费改革后至乡村振兴战略实施前（2006~2011年），这一阶段的供给制度主要为"'一事一议'制度"；第三阶段是精准扶贫至乡村振兴战略时期（2012年前后至今），这一阶段的供给制度为"多元主体参与"。总体而言，不同阶段的供给制度设计是为缓解农村公共物品供给存在的各种困境，也在一定程度上改善了农村公共物品供给状况。然而，已有研究认为，目前农村公共物品供给仍存在问题。比如，国家的"退场"以及公共物品财政制度设计的错位，是造成公共物品供给困境的体制原因。各级政府财政转移支付的资金远少于税费改革的政策减收，乡镇基层政权在无法获得制度外筹资的情况下，只能减少或不提供公共物品，农村公共物品供给出现严重不足。在后税费时代，"一事一议"筹资筹劳制度，在实际运行中面临"事难议、议难决、决难行"等农民集体行动困境。同时，"一事一议"财政奖补制度也面临公共物品供给不均衡、部分供给不切合农村的实际需求、供需错配以及公共物品后期维护与管理机制缺失等问题（刘祖云、韩鹏云，2012）。

四　理论框架：合法性机制视角

（一）公共物品供给研究的制度视角

关于农村公共物品供给的影响因素问题，已有的研究大都从正式制度设计、经济因素和社会资本等因素展开（蔡晓莉，2006）。中国关于农村公共物品供给的研究，大致也在这三个方向上推进。早期，关于农村公共物品供给制度的理论研究较多，主要集中讨论制度内外筹资在制度设计层面的不足（林万龙，2002）。在税费改革之后，中国农村面临新一轮的财政资金困难，国家开始以"项目制"的方式推进新农村建设。自上而下地依靠"项目化"的资金与分级治理制度，促进农村公共物品供给（折晓叶、陈婴婴，2011；周飞舟，2012；渠敬东，2012；陈家建，2013）。

同时，除了制度设计，不少学者开始关注民主制度对公共物品供给的影响，认为民主制度及其相对应的监督、奖惩机制有利于促进政府提供更多的公共物品（Lizzeri & Persico，2001；Besley & Burgess，2002；Besley & Coate，2001）；中国的不少实证研究，同样验证了村庄民主制度的实施，显著增加了村庄在基础设施建设等公共物品上的开支（张晓波等，2003；Zhang et al.，2004；Luo et al.，2007a，2007b；张林秀等，2005a；蔡晓莉，2006；Tsai，2007b；罗仁福等，2006；孙秀林，2009）。

以上主要关注的是与农村公共物品供给相关的制度设计或村庄民主制度等正式制度的实施，对农村公共物品供给的显著影响。近年来，不少学者开始将视角转向农村社会环境中自发生长的非正式制度对村庄公共物品供给可产生有效影响。美国学者 Tsai 将中国农村的宗族以及相关的社会团体等视为非正式制度，在此框架下分析了中国村庄公共物品的供给问题（蔡晓莉，2006；Tsai，2002，2007a，2007b）。孙秀林通过研究华南的宗族与村庄治理，发现在正式组织功能缺失的情况下，非正式的宗族组织成为村民公共物品供给需求的一个替代性组织选择（孙秀林，2011）。还有个案研究也验证了村庄中自发生长的非正式制度，有效促进了村庄公共物品的自我供给（温莹莹，2013）。

本书将延续已有的制度框架，探讨村庄公共物品的供给问题。但不同于以往宏观的制度视角（正式的民主或财政制度与非正式制度框架），笔者将从微观视角关注制度如何具体地影响村庄公共物品的供给结果，尤其要深入探讨制度实施的各项合法性机制是否影响村民在村庄公共物品供给中的参与程度，最终影响村庄的公共物品供给。借鉴新制度主义理论，本书主要讨论一项制度有效实施的合法性机制问题。这实际上也是近年来许多学者讨论和关注的关于制度实施的社会基础（社会因素）问题。

（二）合法性机制视角下的公共物品供给

以迈耶与迪玛吉奥等人为代表的组织社会学新制度学派，开启了对组织制度合法性机制的研究转向（Meyer & Rowan，1977；DiMaggio & Powell，1983）。他们认为，组织不仅面对技术环境，也面对制度环境。以往的研究忽略了这两种不同环境会对组织制度提出不同的要求。技术环境主要关注效益，要求组织有效率，服从理性效率机制原则；而制度环境更多要求合法性，要求组织服从合法性机制原则，在制度环境下，组织面临合法化压力，需要采用那些在制度环境下被广为接受的组织形式和做法（周雪光，2003）。学者对组织制度的合法性机制做了深入探讨与研究，如迈耶与罗恩从宏观理论角度探讨了制度环境对组织的合法性要求（Meyer & Rowan，1977）；迪玛吉奥与鲍威尔强调了组织在组织场域中采用了强制、模仿与规范三种具体的合法性机制（DiMaggio & Powell，1983）；哈恩结合制度学派和社会网络，研究了美国财务审核公司规模两极分化的问题，将制度的合法性研究扩展到更广泛的经济领域（Han，1994）；周雪光则在强意义与弱意义两个层次上讨论了新制度学派对合法性机制的不同研究（周雪光，2003）。

事实上，不仅是组织，一项制度在实施过程中同样也面临合法性问题。伯格与拉克曼认为，制度的合法性并不是一开始就具备的，在制度化早期只有一些重复的行为模式，随后这些行为模式会在参与者之间引起共同的意义，并不断将共同的意义与广泛的文化结构、规范联系起来，制度逐渐获得合法性，才有了制度的正当性（Berger & Luckmann，1967）。人类学家玛丽·道格拉斯详细阐述了制度的合法性机制（Douglas，1986）。她认为，制度通过人的思维，直接影响人的行为。制度的合法性不在于其功利性或实用性的基础之上，而在于人们都能接受的基本的理念规范之上。也就是说，制度的合法性机制在于大家都广为接受的共享观念与思维，因而具有稳定性。理查德·斯科特曾提出，组织或一项制度若想在社会环境中存续发展，除了需要各种物质条件外，还需要得到社会的接纳、认可与信任（Scott et al.，2000），社会学家应用合法性来指称这类概念。

斯科特认为，从一种制度观点看，合法性是一种反映被感知到的，与相关规则和法律、规范支持相一致的状态，或者与文化-认知性规范框架相亲和的状态（斯科特，2010）。合法性是以一种外部可见的方式来展示的符号性价值（Scott，2003）。同时，斯科特也讨论了制度的三大要素分别对其合法性提供了不同的支撑。他认为，不同的社会理论家先后把规制性（regulative）、规范性（normative）和文化-认知性（cultural-cognitive）分别定为制度的关键要素。三大要素对应的合法性基础分别是法律制裁，道德支配和可理解、可认可的文化支持（斯科特，2010）。关注规制性制度要素的理论，强调遵守规则是制度的合法性机制；关注规范性制度要素的理论，强调深层次的道德规范基础是制度获得合法性支撑的关键；而关注文化-认知性制度要素的理论，则强调通过遵守共同的情境界定、确定性的认知以及建构的共同意义等获得合法性，即通过最深层次的文化-认知一致性与共享意义来寻求合法性（斯科特，2010）。由此，制度的合法性机制主要由法律制裁、道德支配以及深层的文化支持构成。不同制度的合法性机制构成不同

（斯科特，2010）。

笔者将在制度合法性机制的理论框架下，探讨制度合法性机制与村庄公共物品供给之间的关系。斯科特关于制度可能蕴含的三大合法性机制为本书提供了具体的研究视角。

五　研究问题与方法

（一）研究问题与思路

已有的研究指出，随着国家部门管理、治理目标的项目化，财政转移支付制度也趋于向"专项化"改革的方向推进，几乎所有的公共建设和公共服务资金都"项目化"了，财政支付最主要的手段就是项目制，随着项目数量越来越多，各个领域中的财政支付也逐渐项目化（折晓叶、陈婴婴，2011）。在农村税费改革与近年来推进的社会主义新农村建设背景下，项目进村成了村庄公共物品供给最主要的路径。项目进村经历了上级"发包""打包"与村庄"抓包"的运作逻辑，尤其强调村庄"配套资金"的支持（折晓叶、陈婴婴，2011；渠敬东，2012）。由此，村庄公共物品的供给首先取决于村庄成功获得内部资源和资金支撑，村庄必须积极投入配套资金，争取"抓包"成功。换句话说，村庄要实现公共物品的成功供给，虽然可以争取"项目制"带来的财政制度内筹资，但首先要以村庄制度外筹资为前提。由此，成功动员农民积极参与村庄公共物品供给至为关键。

在此背景下，结合斯科特的制度合法性机制理论（斯科特，2010），笔者预设不同的制度具有不同的合法性机制，采取不同的方式动员和组织村民参与公共物品供给，而不同的组织动员方式效果不同，最终将影响村庄公共物品的供给情况。

因此，从制度的视角来看，农村公共物品供给制度的演进和变迁为何无法有效解决公共物品供给问题？我国农村公共物品供给面临的主要问题和问题的实质是什么？除了宏观的制度设计和制度变迁视角，是否还存在其他微观的制度视角？这些是本书关注的主要问题。

具体地说，笔者将研究以下几个问题。

第一，不同村庄分别在什么样的制度框架下，组织动员村民参与公共物品供给（捐资或者投入义务工）？

第二，不同制度在实施组织动员过程中的合法性机制有何不同？

第三，不同的制度及其合法性机制，采取何种方式组织与动员村民参与公共物品供给？

第四，不同的制度合法性机制，如何影响村民的公共参与，进而影响村庄公共物品的供给情况？

按照斯科特的观点，不同的合法性机制主要来自不同制度要素的支撑。笔者将分别考察以不同要素（规制性要素、规范性要素和文化-认知性要素）为主导的制度，是否分别为其提供了不同的合法性机制（正式规则、村庄道德基础以及一致的文化理解与制度认知/共享价值）？而后，进一步研究不同的制度合法性机制，如何通过影响村民的参与程度，最终影响村庄公共物品的供给？

同时，斯特朗和赛恩的研究表明，"在认知性、规范性与规制性的制度支持没有很好结合的地方，它们所提供的资源可能被不同的行动者用来获取不同的结果"（Strang & Sine，2002），这样的情况会出现矛盾冲突，极有可能导致制度的变迁。由此，结合背景需要进一步回答以下问题。

首先，在农村税费改革与社会主义新农村建设背景下，已有研究讨论了项目进村的意外后果，即基层社会的解体与重组、危害村庄的资产资源安全与社区稳定等问题（折晓叶、陈婴婴，2011；渠敬东，2012），而笔者将关注"项目制"的引进，对村庄原有制度合法性机制可能产生的影响，以及对村庄公共物品供给的影响。

其次，在现代化推进的过程中，市场与国家不可避免地不断介入村庄。"以往，生活是依其所是的样子而被接受的；现在，人的理性能够有目的地塑造生活，直到使生活成为它所应是的状态。"（雅斯贝尔斯，2013）这是村庄现代化进程的真实写照。村庄公共物品供给制度从非正式向正式制度变迁，从以规范性、文化-认知要素为主导的制度，向以规制性要素为主导的制度形式变迁，在很大程度上与倡导"祛魅"和理性契约的现代性精神相契合（韦伯，2010）。这个过程不仅可能带来制度形式上的变迁，更可能带来村庄的价值道德基础和村民一致的文化-认知基础的变迁。不论哪一种方式都将影响或改变制度的合法性机制，最终影响村庄的公共物品供给。

综上，笔者的具体研究思路如图1-1所示，研究分为三个层次。

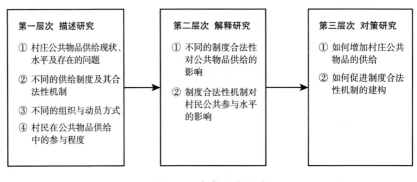

图1-1 本书研究思路

第一层次：描述研究。①村庄公共物品供给现状、水平及存在的问题；②不同的供给制度及其合法性机制；③不同的组织与动员方式；④村民在公共物品供给中的参与程度。

第二层次：解释研究。①不同的制度合法性对公共物品供给的影响；②制度合法性机制对村民公共参与水平的影响。

第三层次：对策研究。①如何增加村庄公共物品的供给；②如何促进制度合法性机制的建构。

（二）研究方法

本书采取的研究方法包括以下几个方面。

第一，资料的收集。笔者选取福建省的一个村庄开展深入的个案研究。在村庄内部，采用定性与定量相结合的研究方法。访谈着重考察村庄传统共同体价值、村民的道德规范与文化-认知基础，以及潜在的非正式制度（诺斯，1994），包括村庄历史文化、习俗、惯习与村规民约等。问卷分村庄问卷与村民问卷。村庄问卷主要用于测量村庄基本资料、公共物品供给现状（张林秀等，2005b）与相关的正式制度及其变迁等；村民问卷用于测量村民分化情况及其对制度合法性机制的认知和认同水平、村民参与公共物品供给的情况等。

笔者根据以上理论框架设计好调研问卷与访谈提纲，分别于2016年7~8月、2017年1~2月以及2017年和2018年暑期前往北京、福建等地80个村庄开展问卷调查与质性访谈等田野工作，收集了近800份问卷的定量数据与丰富的质性访谈资料。通过定量与定性研究，分别探讨了规制性、规范性与文化-认知性要素三大制度合法性机制，是否以及如何影响着村庄的公共物品供给？

第二，资料数据的录入与分析。访谈资料通过登录和层级编码，采用类属分析与情境分析方法，挖掘与理解村民参与公共物品供给的程度与意义，由此反映出村庄的传统共同体价值以及村民对不同制度合法性机制的认知与认同程度。问卷数据的分析。频数分析可以直接反映村庄公共物品供给的现状与村民参与供给的水平；对不同制度要素及其合法性的测量，采用主成分法进行因子分析，划分制度要素及其合法性机制的因子。在此基础上建立模型，进行回归分析，分析制度要素及其合法性机制的不同因子对村民参与公共物品供给程度的影响。同时，将其他可能的影响因素作为控制变量纳入回归模型。

第三，分析框架。笔者主要研究制度合法性机制等因素在村庄公共物品供给中的作用，因此第二层次的解释研究是本书的重点。村庄公共物品的供给，由多种因素所决定，除了村庄制度在其中起重要作用外，其他许多因素都会对村庄公共物品的供给产生影响。比如村集体财产（张林秀等，2005a）、有项目进村或村庄"抓包"成功（折晓叶、陈婴婴，2011；渠敬东，2012），以及制度变迁等因素。据此，本书建立如图1-2所示的分析框架。

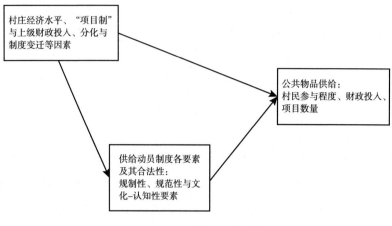

图 1-2　本书分析框架

（三）章节概况

本书延续已有的制度框架，探讨村庄公共物品的供给问题。但不同于以往宏观的制度视角（正式的民主或财政制度与非正式制度），笔者试图在微观视角下深入探讨制度实施的合法性机制与村庄公共物品供给之间的关系问题。组织社会学的新制度学派，突破了以往只关注组织技术环境与其理性效率机制的研究，转向强调对组织制度环境及其合法性机制的研究（Meyer & Rowan，1977；DiMaggio & Powell，1983）。

通过理论梳理，笔者发现已有研究不仅强调组织的合法性问题，也讨论了制度合法性的问题（Berger & Luckmann，1967；Douglas，1986；斯科特，2010），因此主要借鉴斯科特的制度三要素与合法性机制理论，从三个具体的视角（斯科特，2010）考察制度合法性机制与村庄公共物品供给之间的关系。笔者试图通过研究，对斯科特的理论阐述给予一定的实证支持。同时，笔者将研究放在现代性背景下进行考察。今天，全世界的人们都共享着一种重要的经验——关于时间和空间、自我和他人、生活的各种可能和危险的经验。伯曼将这种经验称作现代性，并指出，要成为现代的，就是要在急速变迁的社会与世界环境中找到自我。与此同时，这个过程也有可能摧毁我们拥有的一切，我们所知的一切以及我们现在成为的一切（伯曼，2013）。

随着现代化的推进，市场与国家不断介入村庄，"宏大的设计、无限制的社会工程和对自然的总体改变"（斯科特，2012）可能带来村庄阶层、权力结构的分化与传统共同体价值的丧失。这一层面折射出的制度与社会变迁，直接关乎村庄原有制度的合法性机制问题。与公共物品供给问题直接相关的，是农村税费改革与新农村建设，"项目制"不仅成为村庄公共物品的主要载体和制度安排，也成为村庄新的治理形式。项目进村及其与村庄原有制度合法性机制之间的互动可能带来的结果，也可在笔者研究的基础上加以延伸探讨。

本书各章节的主要内容概要及其逻辑关系如下。

第一章主要介绍中国农村公共物品供给问题及理论框架，本书将聚焦社会、经济与制度因素，探讨中国村庄公共物品供给问题，更具体地说，从社会微观层面去深入挖掘影响村庄公共物品供给制度以及农民集体行动逻辑的各项因素。笔者通过进一步的文献梳理，确定了本书的主题与理论框架，即借鉴美国制度学派学者理查德·斯科特的制度合法性机制理论，研究中国农村公共物品供给制度的合法性机制问题，并对斯科特的理论阐述给予一定的实证支持。在此理论框架基础上，笔者具体设计了本书的研究内容、思路与方法。

从第二章到第七章是本书的主体内容，主要通过实证研究，结合定量和定性研究方法回答本书的主要问题：制度合法性机制何以促进中国农村的公共物品供给？

第二章是基于北京、福建80个村庄近800份问卷数据分析的定量研究。在完成北京、福建80个村庄的调研后，笔者首先对北京、福建不同地区农村公共物品的供给情况以及农民的参与意愿等问题开展探索性的比较分析。研究发现，北京与福建农村地区人们的公共物品供给参与意愿不同，并论证了已有理论关于经济、社会和制度各因素对人们参与意愿的显著影响。不过，两个地区人们参与意愿的具体影响因素存在异同：制度因素是两个地区人们参与意愿的最重要影响因素，但经济因素只对北京地区人们的参与意愿影响显著，而宗族网络等社会因素则在福建农村地区发挥着更为重要的作用。

　　第三章是基于在福建省 40 个村庄收集所得的 400 份问卷数据完成的定量分析。利用定量数据论证制度合法性机制中的文化-认知合法性机制对人们在公共物品供给中参与意愿的重要影响。基于新制度主义学派的制度合法性理论，这章通过定量研究，论证了制度认知对人们公共物品供给参与意愿的显著影响。"一事一议"制度认知所带来的合法性，可以提升人们的参与意愿；而项目制度认知，由于挤出效应，在一定程度上会降低人们的参与意愿。

　　第四章是基于个案的定性研究。这章是基于笔者在福建省所选取的一个村庄开展的个案研究，主要结合部分定量问卷与大量质性访谈资料进行分析，试图探讨斯科特的制度合法性机制理论框架下的具体制度合法性机制——文化-认知合法性机制与村庄公共物品供给之间的关系。本章论证了制度的文化-认知合法性在制度有效实施与公共物品有效供给中的积极作用。与规制合法性或规范合法性相比较，文化-认知合法性更深层地嵌入人们日常互动环境的文化土壤之中，由此，它才能构成关于社会实在的性质的共同理解，以及建构意义的认知框架（斯科特，2010）。

　　第五章是基于 CGSS 的定量数据分析。这章实际上是运用全国性的定量数据探讨公共物品供给制度中的一项具体合法性机制，即规范性机制/道德要素对人们在公共物品供给制度中的行动影响。实证研究与数据分析结果显示，中国农村的普遍道德存量是影响村庄公共物品供给不可忽视的重要因素之一，由此，本章进一步探索了培育普遍道德的可能路径。

　　第六章亦为定量研究，这章基于北京 40 个村庄问卷数据，试图从微观层面，探讨制度实施的具体合法性机制与中国农村公共物品供给之间的关系。借鉴新制度主义视角、斯科特的制度合法性理论，通过定量数据分析，这章论证了规制合法性、规范合法性与文化-认知合法性等三大合法性机制均对人们在村庄公共物品供给参与意愿有积极影响，全面论证了斯科特的理论与本章的主要假设。

　　第七章是基于个案经验分析的定量与定性结合的研究。笔者分别运用定性研究、定量研究对制度合法性机制的三大机制展开综合比较分析。这章基于个案村庄进行案例分析，以定性研究为主，对不同制度的不同合法性机制展开比较分析。研究发现，以文化-认知合法性机制为主导的制度实施效果最优，而规制合法性机制主导的制度效果相对较弱。研究结论启发笔者，今后关于公共物品供给或组织制度等相关研究，需要探索制度实施所具备的合法性机制，而文化-认知合法性机制尤其值得关注。

第八章为理论方向拓展和公共物品供给研究的新探索。这章主要是对本书成果以及研究过程中延伸出的一个理论问题的探讨。笔者在本书的田野调查中发现，中国农村公共物品供给制度受到具体合法性机制要素的影响，不同的合法性机制通过影响人们在集体行动中的逻辑，最终影响村庄公共物品供给水平。不过，笔者始终关注的是个体层面的集体行动逻辑，在调查研究中，笔者观察到，超越个体层面的群体结构视角，也应当被纳入对人们集体行动逻辑影响的考察。由此，笔者通过文献与理论梳理进一步讨论了社会群体结构对公共物品自我供给的影响。

第九章为本书的总结和研究展望。

第二章
合法性机制初探

——基于北京、福建定量数据的比较研究

提高中国农村公共物品供给水平与质量，有助于改善农民的生产生活环境，促进农村地区的可持续发展。农村公共物品供给问题一直备受学界关注，在乡村振兴背景下探索公共物品供给新路径意义重大。中国农村公共物品供给大致经历了几个阶段。在税费改革之前，农村公共物品供给主要由村庄财政统筹承担，即依靠村庄农户的自主参与、自我供给。农业税费改革之后，国家通过财政资助增加了农村公共物品供给（李燕凌，2008）。不过，国家财政无法做到包揽所有的农村公共物品供给，农村公共物品供给日益呈现多元供给的状态（卢芳霞，2011）。2008 年之后，全国逐步推广"一事一议"财政奖补制度，以村民民主决策、自愿出资出劳为前提，政府给予财政补助。事实上，这一制度实施的目的在于结合政府投入和农民出资出劳的参与方式，共同推进农村公共物品供给与村庄发展。这一制度安排，实际上也凸显了在村庄公共物品供给中，农民的公共参与和国家项目的财政资助具有同等的重要性。

然而，已有研究表明，当前中国农村地区人们公共物品供给的参与意愿并不强烈，人们认为，政府是农村公共物品供给的组织主体，政府财政的投资和责任大于农民（罗小锋，2012）。同时，关于农村公共物品供给问题，以往的研究多从政府的作用、供给制度改革等方面进行研究，较少关注人们在村庄公共物品供给中的参与意愿问题。本章将运用北京、福建部分农村地区调研所得的定量数据，基于已有的治理和国家—社会关系理论框架，对人们在农村公共物品供给中参与意愿的影响因素进行研究。基于已有的治理理论，本章试图重点研究以下两个问题。首先，研究不同农村地区人们在公共物品供给中的参与意愿。已有的研究大部分是利用全国数据，得出整体性的一般结论，笔者将运用北京、福建的数据，了解具体农村地区人们的参与意愿情况。其次，对不同区域人们公共物品供给影响因素进行比较研究，了解不同地区具体的影响因素，以及各因素对不同地区所产生的差异影响效果。具体的比较研究结果将对不同地区的相关政策制定与制度安排产生更有针对性的启发意义。

一　国家—社会关系理论下的公共物品供给参与意愿

公共物品供给的相关研究和理论认为，公共物品因其竞争性和非排他性特征，往往导致集体行动的"搭便车"困境（奥尔森，2014）。已有的治理和国家—社会关系理论，发展了三大理论预设，阐述了经济因素、社会因素和制度因素对公共物品供给的重要影响。具体内容如下。

第一，经济因素决定着公共物品供给的质量。经济发展为当地政府和居民带来更多的资源，由此可以带来更优质的公共物品和公共服务（Rose-Ackerman，2005）。经济富足为政府官员提供公共物品供给的可能路径与选择，由此带来更加优质的公共物品与公共服务。比如 Hindriks 等通过研究发现，增加地方政府的财政收入可以显著增加其社会性公共物品（Hindriks，et al.，2008）。不过，已有的研究主要论证了经济水平可激励地方政府官员为所在区域提供公共物品，但经济因素不仅意味着区域经济水平会影响其公共物品供给状况，还意味着个人及家庭的经济水平也将在很大程度上影响人们在公共物品供给中的参与意愿。而这部分的实证研究相对较少。经济学基于"理性人"假设，研究了个体的社会角色、社会偏好以及个体投资于公共物品的边际收益等因素对其参与公共物品供给的影响（Fischbacher & Gachter，2010），并无研究直接论证个体及其家庭的经济状况会影响其公共物品供给的参与意愿。甚至有研究指出，个体的经济水平（家庭收入）不会对个体参与公共物品供给的概率产生显著影响（Herrmann & Thöni，2009）。本章将运用北京与福建农村地区的定量数据，探讨农户个体及其家庭的经济水平状况是否会影响其公共物品供给的参与意愿。

第二，社会因素可以增进公共治理。市民社会以及社会资本理论认为，特定的志愿组织、兴趣团体以及社会组织活动可以有效促进政府的公共治理，包括公共物品供给和公共服务。罗伯特·帕特南（Robert Putnam）关于意大利南北方公共治理政府绩效不同的研究，凸显了社会因素对公共参与的重要作用，他所发展的社会资本理论认为，基于信任、稠密的互惠规范与公共参与网络的社会资本，可以极大地促进公共参与中的合作行为，尤其强调了社会信任、社会关系网络对人们公共参与意愿的积极意义（Putnam，1993）。社会信任涉及个体对他人合作行为的预期，已有研究表明，这种预期是影响个体合作的重要中介变量之一（严进、王重鸣，2003；王沛、陈莉，2011）。在中国农村地区，人们的社会关系网络主要表现为宗族网络。许多研究论证了宗族因素对促进村庄公共物品供给的显著影响（Tsai，2007a；彭玉生，2009；孙秀林，2009）。但宗族网络是否会促进人们在公共物品供给中的参与意愿，还有待论证。基于此，本章将重点考察社会因素中的社会信任与社会关系网络（宗族）对人们参与公共物品供给的影响情况。

第三，制度因素。良好的公共治理，取决于能发展出一套行之有效的正式制度。奥斯特罗姆极力强调人为设计的正式制度对促进人们参与公共物品供给的重要作用（Ostrom，1990）。制度安排对中国农村公共物品供给的影响是显而易见的。实证研究表明，不仅有意设计的正式制度对公共物品供给具有积极作用，如已有不少研究论证了民主制度安排对村庄公共物品供给的积极影响（罗仁福等，2006），甚至许多未被人们意识到的非正式制度，也在一定程度上促进了村庄公共物品供给（温莹莹，2013，2015；Xu & Yao，2015）。除了村庄民主制度，学者们还特别关注与中国农村公共物品供给紧密关联的"一事一议"与项目制等制度安排对公共物品供给的影响。一些实证研究论证了"一事一议"财政奖补制度显著提高了村庄公共物品供给水平（卫龙宝等，2011；余丽燕，2015；李秀义、刘伟平，2015；周密等，2017a）。不过，只有少数的研究表明，"一事一议"制度的实施有助于提高村民在公共物品供给中的参与意愿（罗仁福等，2016）。同时，对于国家项目制进入村庄，是否会对人们的公共物品供给参与意愿产生显著影响，还值得我们进一步研究论证。关于制度视角，本章将重点关注中国农村的民主选举制度、"一事一议"财政奖补制度、项目制等制度安排对人们公共物品供给参与意愿的影响。

基于以上分析，笔者提出研究假设：经济因素、社会因素和制度因素，都将对人们在村庄公共物品供给中的参与意愿产生显著影响。其中，经济因素方面，重点考察个体及家庭的经济水平；社会因素方面，重点关注社会信任与社会关系网络（宗族）等因素；制度因素方面，则涉及村庄民主选举制度、"一事一议"财政奖补制度以及项目制等制度安排。不过，以上的研究假设是在已有的相关理论与实证研究中推导得出的初步假设，由于区域、文化、具体制度实施的不同，以上各个因素对北京、福建等不同地区人们参与意愿的具体影响可能存在一定差异，笔者将在两地的比较研究中进一步揭示与探讨。

二　理论再检验：北京、福建不同影响因素的比较研究

（一）数据来源、变量定义及描述性统计

1. 数据来源

本章的定量数据来源于 2016 年 7～8 月、2017 年 1～2 月，在北京怀柔、顺义以及福建莆田、福州等地区开展的问卷调查。笔者采用分层随机抽样，先从北京 16 个区随机抽取出怀柔和顺义，再分别从怀柔和顺义的所有乡镇中随机各抽取两个乡镇，从每个乡镇（总共 4 个乡镇）所有行政村庄中随机抽取 10 个村庄，每个村庄随机抽取 10 户农户进行入户调查。

在北京地区的调查中总共发放了 400 份问卷，最终回收有效问卷 342 份。运用同样的抽样方法，从莆田和福州随机共抽取 4 个乡镇，每个乡镇随机抽取 10 个村庄，每个村庄随机抽取 10 户农户进行入户调查。在福建地区的调查中总共发放了 400 份问卷，最终回收有效问卷 392 份，回收率为 98%。具体的问卷填答一般由户主完成，当户主不在时，由其他成年的家庭成员填答。农户问卷主要包括年龄、性别、受教育程度、政治面貌、经济水平等个人信息，也包括"所在村庄是否有实施'一事一议'制度、村庄是否有国家资助的公共项目、是否为国家专项资金重点支持的模范村/薄弱村？是否愿意参与村庄公共项目？"等各项涉及个人认知与行为指标的问题。

2. 变量定义及其描述性统计

本章的主要因变量是"人们在村庄公共物品供给中的参与意愿"，笔者在问卷中采用从"不愿意参与"到"非常愿意参与"的 5 个等级的李克特量表测量，这里并未对公共物品项目类别做区分。

基于以上理论框架，本章主要的自变量包括经济因素、社会因素和制度因素。其中，经济因素具体操作化为被调查对象个人的月收入与家庭月收入（农村地区公共物品供给常常以户为单位，所以笔者考察了家庭经济情况）。需要说明的是，考虑到福建问卷的收入水平因缺失值太多可能影响统计分析，笔者采用了被调查对象个人的月消费与家庭月消费水平来反映其经济状况。社会因素，主要考察人们的社会信任（包括邻居信任与村干部信任），以及社会关系网络（被调查对象的姓氏是否属于村庄第一大姓，即宗族网络）。笔者还考察了"人们对村庄以往公共物品供给的满意度"，将之纳入社会因素，研究这项满意度是否会影响人们的公共物品供给参与意愿。制度因素，笔者考察了人们对村庄民主制度、"一事一议"制度与项目制等制度安排的认知与实践情况。这里需要说明的是，笔者所调研的北京、福建农村地区全部实施了民主选举制度，因此，笔者在问卷中的问题是"人们是否参与上次村庄民主选举投票"，以此来考察人们在村庄民主选举中的参与情况是否影响其公共物品供给参与意愿。同时，也考察人们是否意识到所在村庄实施了"一事一议"与项目制等制度安排，以及此种制度认知的不同对其公共物品供给参与意愿有何影响。在问卷中，笔者用"我们村庄是否有实施'一事一议'制度"、"我们村庄是否有国家专项资金支持的公共项目"、"我们村是否为国家专项资金重点支持的模范村"以及"我们村是否为国家专项资金重点支持的薄弱村"等四个指标来测量人们对所在村庄是否实施"一事一议"或项目制等制度的认知。其中的"模范村"是指国家专项资金重点支持在村庄基础设施等公共建设方面成绩突出、获得模范代表荣誉称号的村庄。"薄弱村"是指村庄原有基础设施薄弱、经济水平较低而需要国家专项资金重点扶持其公共建设的村庄。这两种情况笔者均视为有项目制实施的村庄。

　　根据以往的研究，考虑到某些个体特征可能也会对人们的公共物品供给参与意愿产生影响（白南生等，2007），笔者重点将个体的性别、年龄、受教育程度和户口类别作为控制变量。

　　表2-1至表2-4，分别给出了北京、福建数据中比较重要变量的描述性统计和频数占比，笔者从这些数据中大概可以了解以下几点信息。第一，两地区人们的公共物品供给参与意愿程度不同。在笔者此次调研的北京、福建等农村地区，人们在村庄公共物品供给中的参与意愿程度不同，北京地区的参与意愿明显低于福建地区。具体参见，表2-1北京数据显示人们参与公共物品供给意愿的平均水平为1.84分（总分5分），表2-3福建数据表明人们参与公共物品供给意愿的平均水平为3.33分。第二，两地区人们的经济水平不同。因福建的个人月收入与家庭月收入水平的数据缺失值太多，笔者只能用其消费水平替代考察。关于经济水平状况，本次调研未能得出清晰结论，但从已有数据来看，福建的个人、家庭月消费水平均值低于北京地区的个人、家庭月收入均值，只能说两地区的经济水平不同。第三，两地区人们的社会认知态度存在差异，社会基础也不同。虽然北京、福建农村地区人们对以往村庄公共物品供给的满意度差别不大，均处于中等水平（总分5分，北京3.43分，福建3.59分），但两者的社会信任水平存在差异。北京农村地区人们的社会信任略高于福建地区（两地对村干部的信任程度差不多，总分5分，北京与福建分别为2.98分与3.03分，但人们对邻居的信任程度，北京高于福建，分别为4.02分与1.89分）。同时，福建农村地区的

宗族因素明显高于北京农村地区，表2-4和表2-2数据显示，福建地区81.4%的被访者姓氏属于村庄中的第一大姓，而北京地区的数据仅为54.9%。第四，北京、福建农村地区人们对制度安排的认知与实践不尽相同，北京农村地区人们参与村庄民主选举的投票率明显高于福建农村地区（北京参与投票率为82.9%，福建参与投票率为55.2%），但福建农村地区人们意识到村庄实施"一事一议"制度的程度高于北京农村地区（福建为49.4%，北京为39.8）。北京农村地区人们了解到村庄有国家专项资金支持的公共项目占比为68.9%，福建这一数据为59.0%。两地区人们对所属村庄是否为国家重点资助的"模范村"或"薄弱村"的认识情况差别不大。

表2-1　北京数据主要变量的描述性统计

变量	最小值	最大值	均值	标准差
年龄(岁)	18	82	49.61	16.206
受教育程度(受教育年限)	0	19	11	4.806
个人月收入(千元)	0	50	23.6958	45.09544
家庭月收入(千元)	0	500	43.7127	38.86909
村庄年均居住时间(月)	1	12	10.45	3.359
公共项目参与意愿(分)	1	5	1.84	1.231
对村庄以往公共物品供给的满意度(分)	1	5	3.43	1.133
对邻居的信任程度(分)	1	5	4.02	0.887
对村干部的信任程度(分)	1	5	2.98	1.051

表2-2　北京数据主要变量的频数占比

单位：%

变量	是	否
性别(是=女,否=男)	51.3	48.7
是否农业户口	77.2	22.8
是否属于大姓(所属姓氏占比超过1/3)	54.9	45.1
村庄是否实施"一事一议"制度	39.8	60.2

续表

变量	是	否
村庄是否有国家专项资金支持的公共项目	68.9	31.1
村庄是否为国家专项资金重点支持的模范村	10.9	89.1
村庄是否为国家专项资金重点支持的薄弱村	4.1	95.9
村庄是否实施民主选举	99.4	0.6
是否参与上次村庄民主选举投票	82.9	17.1

表 2-3　福建数据主要变量的描述性统计

变量	最小值	最大值	均值	标准差
年龄（岁）	18	85	38.54	15.323
家庭月消费（元）	300	60000	4211.86	4202.329
个人月消费（元）	0	10000	968.602	867.816
公共项目参与意愿（分）	1	5	3.33	1.105
对村庄以往公共物品供给的满意度（分）	1	5	3.59	0.954
对邻居的信任程度（分）	1	5	1.89	0.763
对村干部的信任程度（分）	1	5	3.03	0.937

表 2-4　福建数据主要变量的频数占比

单位：%

变量	是	否
性别（是＝女,否＝男）	54.9	45.1
是否农业户口	91.2	8.8
是否属于大姓(所属姓氏占比超过 1/3)	81.4	18.6
村庄是否实施"一事一议"制度	49.4	50.6
村庄是否有国家专项资金支持的公共项目	59.0	41.0
村庄是否为国家专项资金重点支持的模范村	10.2	89.8
村庄是否为国家专项资金重点支持的薄弱村	2.4	97.6
村庄是否实施民主选举	100	0
是否参与上次村庄民主选举投票	55.2	44.8

（二）有序回归分析

考虑到因变量"人们在村庄公共物品供给中的参与意愿"是定序变量，

因此，笔者采用有序回归分析来考察经济因素、社会因素与制度因素等变量对北京与福建农村地区人们公共物品供给参与意愿的影响。表 2-5、表 2-6 分别为北京与福建农村地区的有序回归分析结果。

表 2-5　北京村庄公共物品供给参与意愿的影响因素（有序 Logistic）

变量	回归系数	标准误	Wald 值	sig.
截距 1	3.788	1.354	7.829	0.005
截距 2	4.489	1.362	10.854	0.001
截距 3	5.212	1.373	14.418	0.000
截距 4	6.944	1.413	24.139	0.000
制度因素				
是否有"一事一议"制度[a]	1.060 ***	0.290	13.344	0.000 ***
是否有国家项目[a]	-0.020	0.172	0.013	0.910
是否项目制的模范村[a]	-0.141	0.151	0.870	0.351
是否项目制的薄弱村[a]	0.202	0.168	1.453	0.228
是否参与上次村委会选举投票[b]	0.527	0.474	1.238	0.266
个人因素（控制变量）				
性别[c]	-0.057	0.271	0.045	0.832
年龄	0.012	0.013	0.861	0.353
受教育程度	0.013	0.141	0.008	0.927
户口[d]	0.174	0.130	1.799	0.180
经济因素				
个人月收入	0.015 *	0.007	3.847	0.050 *
家庭月收入	-0.013 *	0.006	4.884	0.027 *
社会因素				
对村庄以往公共物品供给的满意度	0.282 *	0.129	4.751	0.029 *
对邻居的信任程度	0.133	0.171	0.607	0.436
对村干部的信任程度	0.174	0.130	1.799	0.180
宗族网络（是否属于大姓）[e]	0.007	0.009	0.572	0.450
模型 p 值			0.000	
卡方			1028.871	

注：# $p<0.1$，* $p<0.05$，** $p<0.01$，*** $p<0.001$；a 是 =1，否 =0；b 未参与投票为参考变量，参与 =1，未参与 =0；c 男性为参考变量，男 =0，女 =1；农业户口为参考变量，是 =1，否 =0；e 属于大姓为参考变量，是 =1，否 =0。

表 2-6　福建村庄公共物品供给参与意愿的影响因素（有序 Logistic）

变量	回归系数	标准误	Wald 值	sig.
截距 1	−4.055	2.047	3.924	0.048
截距 2	−2.788	2.020	1.905	0.168
截距 3	−1.179	2.008	0.345	0.557
截距 4	1.731	2.008	0.743	0.389
制度因素				
是否有"一事一议"制度[a]	1.048*	**0.450**	5.410	0.020*
是否有国家项目[a]	−0.241	0.475	0.257	0.612
是否项目制的模范村[a]	−1.241#	0.677	3.362	0.067#
是否项目制的薄弱村 a	−2.654	2.476	1.149	0.284
是否参与上次村委会选举投票[b]	−0.448	0.445	1.014	0.314
个人因素（控制变量）				
性别[c]	−0.699	0.489	2.047	0.153
年龄	0.004	0.017	0.056	0.814
受教育程度	0.048	0.183	0.068	0.795
户口[d]	−1.283	0.909	1.994	0.158
经济因素				
个人月消费	7.274E−005	8.694E−005	0.700	0.403
家庭月消费	3.599E−006	0.000	0.000	0.991
社会因素				
对村庄以往公共物品供给的满意度	−0.216	0.231	0.879	0.348
对邻居的信任程度	0.212	0.270	0.616	0.432
对村干部的信任程度	−0.182	0.245	0.549	0.459
宗族网络（是否属于大姓）[e]	1.049#	**0.555**	3.576	0.059#
模型 *p* 值		0.058		
卡方		394.341		

注：# $p<0.1$，* $p<0.05$，** $p<0.01$，*** $p<0.001$；a 是 = 1，否 = 0；b 未参与投票为参考变量，参与 = 1，未参与 = 0；c 男性为参考变量，男 = 0，女 = 1；农业户口为参考变量，是 = 1，否 = 0；e 属于大姓为参考变量，是 = 1，否 = 0。

表 2-5、表 2-6 的回归分析结果，基本上论证了笔者的研究假设：经济因素、社会因素与制度因素均对人们在村庄公共物品供给中的参与意愿产生显著影响。不过，不同地区，具体的影响因素存在差异。具体而言，北京的数据分析表明，经济因素（个人月收入与家庭月收入）、社会因素（对村庄

公共物品供给的满意度）以及制度因素（"一事一议"制度）均对北京农村地区人们的公共物品供给参与意愿具有显著的积极影响（见表2-5）；福建的数据分析显示，经济因素对人们的公共物品供给参与意愿未有显著影响，而社会因素（宗族网络）与制度因素（"一事一议"制度与被国家重点资助为"模范村"）对人们公共物品供给的参与意愿均有显著影响（见表2-6）。

综上，比较北京与福建数据分析的具体结果，笔者发现以下几点初步结论。第一，经济因素对人们公共物品供给参与意愿具有一定影响，但在不同地区，影响结果不同。比如在北京农村地区，经济因素对人们的参与意愿具有显著的积极影响，从具体的 Wald 值可以看出，在笔者所考察的所有影响北京农村人们公共物品供给参与意愿的影响变量中，个人及家庭的经济状况是第二重要的影响因素（家庭月收入的 Wald 值为4.884），仅次于制度因素（"一事一议"制度的 Wald 值为13.344）。但同时，福建的数据分析却显示，经济因素对人们的参与意愿影响并不显著。第二，社会因素对人们公共物品供给参与意愿的影响也是显而易见的，但在不同地区，产生影响的具体社会因素不同。比如笔者的研究结果表明，影响北京农村地区人们公共物品供给参与意愿的社会因素主要是人们对村庄以往公共物品供给的满意度，但在福建农村地区，影响人们参与意愿的社会因素主要是宗族网络（是否属于大姓）。从历史上看，宗族制度是中国传统村庄治理的重要方式。许多研究表明，在福建农村地区，宗族仍然普遍存在，是村庄公共治理的重要影响因素。第三，制度因素是人们公共物品供给参与意愿的最重要影响变量。虽然村庄民主制度的实施，对人们在公共物品供给中的参与意愿没有显著影响，但人们意识到所属村庄实行了"一事一议"制度，对其公共物品供给参与意愿具有显著的积极影响，而且从北京和福建数据分析的具体 Wald 值（分别为13.344和5.410）来看，这是所有因素中最重要的影响变量。同时，国家项目制对人们的参与意愿有一定的影响，数据表明，人们意识到所在村庄的公共项目有国家专项资金支持，并未显著提高人们的参与意愿；人们意识到所在村庄是国家专项资金重点支持的"薄弱村"，也未能提高人们的参与意愿；而当人们意识到所在村庄是国家专项资金重点支持的"模范村"时，反而会降低人们的参与意愿。对于这一结论，或许可以借鉴已有的研究理论加以解释，有研究表明，政府的财政支持可能对农户参与公共物品供给产生挤出效应（钱文荣、应一道，2014）：一方面，国家大量资金的支持，政府供给代替了农户的自我供给，使得政府公共投资排挤了农户供给，降低了人们的参与意愿；另一方面，政府长期的公共投资使得人们对政府供给的依赖性增加，从而降低其参与意愿。

三　小结

中国农村公共物品供给问题事关农民的生产生活以及广大农村地区的可持续发展，在国家支持有限的情况下，如何有效动员农户参与村庄公共物品供给和提高农户参与村庄公共物品供给意愿，具有积极的理论和现实意义。基于以往的相关理论与研究成果，本章运用北京和福建农村地区调研所得的定量数据，通过比较研究，从经济、社会和制度等方面探讨了不同因素对人们参与公共物品供给意愿的影响效果。研究验证了以往的相关结论，即经济因素、社会因素和制度因素均对人们公共物品供给参与意愿产生显著的影响。本章更为重要的发现在于，通过北京和福建农村地区的比较研究，论证了不同因素对不同地区人们参与意愿的影响效果存在差异。这些结论对今后的研究具有一定的启发。

首先，不同地区人们在村庄公共物品供给中的参与意愿不同。从上述分析可见，福建农村地区人们的参与意愿明显高于北京农村地区。这凸显了开展比较研究、探讨不同地区人们参与意愿的具体影响因素的重要意义。

其次，经济因素对人们公共物品供给参与意愿的影响有限，经济水平并非对任何地区人们的参与意愿都具有显著影响。比如笔者的研究发现，经济因素对北京农村地区人们的参与意愿具有重要影响，可以显著提高人们在村庄公共物品供给中的参与意愿，但福建的数据分析表明，经济因素对人们的参与意愿并未产生显著影响。这与以往的理论或研究结论不同，也启示我们，经济水平并非人们公共物品供给参与意愿的唯一/最重要的影响因素，在某些时候/地区，它甚至不是有效的影响因素。

再次，社会因素对于提高人们公共物品供给参与意愿的效果显而易见，不过，不同地区真正发挥重要作用的社会因素不尽相同。在北京农村地区，对人们公共物品供给参与意愿起重要影响作用的社会因素是人们对村庄以往公共物品供给的满意度，而在福建则是宗族网络发挥着更大的作用。

最后，制度因素是人们公共物品供给参与意愿的最重要影响因素，尤其是"一事一议"制度的实施，可以显著提高人们的参与意愿。北京和福建农村地区，影响人们公共物品供给参与意愿的因素不尽相同，只有"一事一议"制度对两者的影响效果一致，而且都是所有影响变量中最重要的因素。两地区人们对所在村庄"一事一议"制度实施情况的认知有所不同，福建农村地区更多的人意识到"一事一议"制度的实施。鉴于这一因素的重要影响，或许这在一定程度上可以解释为何福建农村地区人们公共物品供给参与意愿会明显高于北京农村地区。国家项目制对人们参与意愿的影响效果，值得进一步研究与探讨。研究发现，大部分的国家项目制对人们参与意愿的影响效果不明显，但福建农村地区，人们对国家专项资金重点支持的"模范村"的认知，反而降低了人们在公共物品供给中的参与意愿。基于本次调研数据的局限，笔者只能借鉴以往的研究，运用"挤出效应"理论对其进行解释。这里，笔者也预设，不仅制度安排会影响人们的参与意愿，或许，人们对制度安排、实施的认知情况，也在很大程度上影响着参与意愿。不过，制度认知是否具有解释力，以及这一影响背后深层次的机制为何，值得今后进行更为深入的探讨与研究。

总而言之，通过对北京与福建农村地区调研数据的比较研究，笔者认为，影响人们公共物品供给参与意愿的因素并非一成不变，不同地区存在不同的影响因素。我们需要对每个地区开展细致深入的调查研究，只有了解真正有效的影响因素，才能有针对性地提高人们在公共物品供给中的参与意愿，激活人们内在的社会力量，增加当地社区公共物品的有效供给，最终助力乡村振兴。

第三章
制度认知及其影响
——基于福建省农户问卷的数据分析

从本章开始，我们主要考察制度合法性机制中的重要因素之一——文化-认知合法性机制对人们公共参与的影响。第三章重点考察人们对公共物品供给制度的认知是否会影响其在公共物品供给中的参与意愿，主要通过量化研究的方法进行论证；第四章通过个案的质性研究，重点论证人们的文化-认知对其公共参与的影响。

一 "一事一议"、项目制背景下的农村公共物品供给

农村公共物品供给事关农民生活、农业生产与农村发展，长期以来备受人们关注。提供良好的村庄公共物品是实施乡村振兴战略的重要保障。但税费改革之后，作为村级主要财政收入的农业税费被取消，村庄财政能力被削弱，严重影响了农村公共物品的有效供给，村庄自筹公共投资项目数量减少（罗仁福等，2006）。

在此背景下，国家通过转移支付的方式支持村级组织财政，并试图通过中央和地方省市政府自上而下的转移支农项目资金和村庄内部"一事一议"制度等解决村庄公共物品供给中的资金不足问题。"一事一议"制度大致经历了两个阶段。2011年之前，村级公共物品自愿性供给的主要方式是"一事一议"筹资筹劳制度，通过村民的筹资筹劳为村庄提供公共物品，上级

政府不给予奖励或补助。但研究发现，"一事一议"筹资筹劳制度的实施效果并不理想（李琴等，2005），无法有效解决农村税费改革以来村庄公共物品供给不足的问题。为了缓解"一事一议"筹资筹劳制度出现的困境，2011年，"一事一议"财政奖补制度正式向全国推广。这一制度在"一事一议"筹资筹劳的基础上，增加了上级政府的"财政奖补"。本章以"一事一议"财政奖补制度在全国推广后为背景，无特殊情况，下文出现的"一事一议"均指"一事一议"财政奖补制度。

随着"一事一议"财政奖补制度的推广，农村项目化公共物品供给应运而生。近年来，项目制在国家治理中发挥着重要的作用。在财政、教育、社会治理、基础设施建设等各个领域中，项目化运作都较为常见（折晓叶、陈婴婴，2011；周飞舟，2012；陈家建，2013，2017）。项目制设定专项目标、配备专项资源推进自上而下的治理任务的实现（渠敬东，2012；周雪光，2015）。本章主要研究与村庄公共物品供给有关且与"一事一议"财政奖补制度密切相关的项目制。从资金构成上看，"一事一议"财政奖补制度中，国家出资、地方政府配套以及村庄内部自筹构成了主要的资金来源，且三方根据项目规模与具体要求承担的资金比例有所不同。

在"一事一议"财政奖补制度的实际运行中，国家财政一般对村级公共项目的奖补比例为50%及以上，但仍未达到全额补助，村民筹资筹劳仍然是村级公共物品供给的重要组成部分。李秀义和刘伟平（2015）在福建的调查显示，在扣除财政奖补和村集体以及社会捐赠资金后，有些村庄村民筹资筹劳仍然占到"一事一议"公益事业项目资金的31.48%。虽然在"一事一议"财政奖补制度安排下的村级项目化公共物品供给得到了一定的提升，但同时，也有不少研究指出，国家项目资金不可能完全包揽农村公共物品供给，尤其是税费改革与项目制共同导致的农村内部组织能力弱化问题，加剧了项目化公共物品供给的困境（贺雪峰，2008）。学者通过实证研究发现，"一事一议"财政奖补制度下的项目化公共物品供给，单纯的资金补给不仅不能从根本上增加村级公共物品供给，甚至还可能因弱化了村庄内在组织能力而产生新的公共物品供给困境（李祖佩，2015；桂华，2014）。

综上，即便在"一事一议"财政奖补制度安排下，大部分村庄还是得依靠村民自筹来启动村庄公共物品供给；在项目制下，即便有再多资源、财政补助，仍然需要基层组织有效组织村民参与公共物品供给。可以说，提高村民在公共物品供给中的参与意愿，是解决当前中国农村公共物品有效供给问题的前提。由此，本章重点关注村民在公共物品供给中的参与意愿问题。具体试图回答以下两个问题：第一，"一事一议"、项目制背景下，影响人们在村庄公共物品供给中参与意愿的主要因素有哪些？第二，村庄中的"一事一议"、项目制以及民主制等制度安排对人们公共物品供给参与意愿可能产生的影响以及除了民主协商、财政奖补等影响因素（罗仁福等，2016；李秀义、刘伟平，2016；周密等，2017a），对这些制度安排的认知是否会影响人们的参与意愿？

二　参与意愿的制度影响因素

（一）个体与制度因素

对于会影响人们在公共物品供给中参与意愿的因素，已有许多理论与实证研究。总结起来，已有研究主要从个体与制度两个层面探讨公共物品供给参与意愿的影响因素。

1. 理性人、身份与心理动机

个体层面，已有研究认为个体的理性特质、身份以及心理动机等都会影响人们参与公共物品供给的意愿。首先，基于理性人假设，经济学常用囚徒博弈困境模型来解释与分析理性个体在公共物品供给中的参与行为（Taylor，1976；Coase，1960；布坎南，2009；Olson，1965；Ostrom，1990）。比如罗小锋（2012）对农户参与农业基础设施供给的影响因素进行研究，发现农户的参与意愿受其风险态度、投入成本等理性态度的影响。其次，周业安等人开展的一系列实验研究，分别考察了公共物品覆盖人群规模大小、个体投资于公共物品的边际收益、个体的异质性、社会角色、社会偏好、初始禀赋和社会关系等对于公共物品自愿供给以及个体参与行为的影响（周业安、宋紫峰，2008；陈叶烽，2010；陈叶烽等，2011；周业安等，2013；宋紫峰等，2011；Fischbacher et al.，2001；Fischbacher & Gachter，2006，2010；Fischbacher，2007；Burlando & Guala，2005）。白南生等（2007）的研究发现，非农、外出务工等个体身份特征会显著增强人们在公共物品供给中的参与意愿。最后，心理学主要研究个体参与合作动机的来源。已有研究表明，亲社会者因集体观念、合作道德观等社会价值取向而更偏向于在公共物品供给困境中采取参与合作策略，个体对他人合作行为的预期是影响其合作的重要中介变量之一（Yamagishi，1986a，1986b；Robbins，1995；De Cremer et al.，2001；De Cremer & Van Dijk，2002；王沛、陈莉，2011；严进、王重鸣，2003）。

2. 非正式制度与正式制度

制度层面，已有研究表明不论是自发产生的非正式制度还是人为设计的正式制度，都会影响人们参与公共物品供给的意愿。首先，非正式制度的影响。在中国农村主要有宗族以及地方习俗等非正式制度，已有研究论证了这些非正式制度在一定程度上都促进了村庄公共物品供给（张厚安等，2000；肖唐镖，1997；Tsai，2002，2007a，2007b；Peng，2004；彭玉生，2009；孙秀林，2011；温莹莹，2013，2015；钱文荣、应一逍，2014；Xu & Yao，2015；郭云南、王春飞，2017b）。比如 Tsai、姚洋、郭云南、孙秀林等的研究论证了中国农村的宗族等非正式制度对村庄公共物品供给的积极影响。温莹莹（2013，2015）的个案研究表明，村庄习俗、道德等非正式制度会促进人们在公共物品供给中的参与行为；钱文荣等人用全国性的数据开展定量研究，证明了宗族这一非正式制度显著影响着农户参与村庄基础设施建设的意愿。其次，除了非正式制度，更多研究关注中国农村的民主选举制度、"一事一议"制度以及项目制等正式制度对村庄公共物品供给的影响。比如许多学者验证了中国农村基层民主制度与公共物品供给之间的显著影响（张晓波等，2003；罗仁福等，2006；孙秀林，2011；钱文荣、应一逍，2014）。已有文献从理论上证实，项目化运作的"一事一议"财政奖补制度完善了农村公益事业的投入机制，提升了村民和村干部参与村级公共物品供给的积极性，同时提高了村级公共物品的供给效率（陈杰等，2013）。但是，只有少数实证研究分析了"一事一议"、项目制对村级公共物品的影响。比如卫龙宝等（2011）、余丽燕（2015）通过定量研究，论证了财政奖补对"一事一议"公共物品供给具有显著正向作用。李秀义和刘伟平（2016）采用福建省调查数据，运用泊松回归模型的研究结果表明，"一事一议"财政奖补制度促进了村级公共物品的供给；罗仁福等（2016）的实证研究发现，"一事一议"制度的实行有助于村集体提供村民最需要的公共物品，而且提高了村民在公共物品供给中的参与度；周密等（2017a）的研究运用贯序博弈和嵌套博弈理论，分析了"一事一议"财政奖补制度对村级公共物品供给的影响，并通过对辽宁省125个村的问卷调查，分析了该制度对村级公共产品供给项目数的影响。零堆积负二项回归结果显示：在最近3年内，获得过"一事一议"财政奖补的村比未获得"一事一议"财政奖补的村平均多提供约1.3项村级公共物品。

（二）制度认知因素

新制度主义学派认为，一项制度安排想要达到预期的效果、真正对人们的行为产生规制影响，首先需要具备合法性（Meyer & Rowan，1977；DiMaggio & Powell，1983）。比如理查德·斯科特（W. Richard Scott）曾提出，组织或一项制度如果想要在它们的社会环境中生存下来并兴旺发达，除了需要物质资源和技术信息之外，还需要得到社会的认可、接受与信任（Scott et al.，2000），社会学家应用合法性来指称这类概念。斯科特讨论了制度合法性来源的三大基础要素。他认为，不同的社会理论家先后把规制性（regulative）、规范性（normative）和文化-认知性（cultural-cognitive）分别定为制度的关键要素。三大要素对应的合法性基础分别是法律制裁，道德支配和可理解、可认知的文化支持（斯科特，2010）。换句话说，规制性要素的合法性来源于正式规则的监督与惩罚；规范性要素的合法性来源于主流道德规范；而文化-认知性要素的合法性来源于主流文化的共享价值（斯科特，2010）。

制度使行动成为可能，为行动提供信息，赋予行动合法性，并且制约知识和行动被建构的方式（Scott & Christensen，1995）。基于新制度主义学派理论，国内外已有不少制度合法性机制的相关研究（Dobbin，1993；Zhou，1993），而作为制度合法性三要素之一的文化-认知合法性机制，还未有充分的实证研究。合法性的规制性要素强调要与已经确立的制度规则相一致，而认知性要素则强调行为选择被（关于现实的）知识所限制和充实（Scott & Christensen，1995）。认知框架帮助行为主体理解现实，并帮助行为主体展开对其有意义的行动。意义在行为主体的互动过程中产生，并且在对现实的阐释中被接受而得以延续。已有研究通过"确定性"与"日常互动"来理解认知因素，制度化能够为个体带来确定性的信息与频繁稳定的日常互动经验，从而提高文化-认知合法性。比如施奈普、圭伦（2008）的实证研究，他们通过对 39 个国家 1988~1998 年的数据分析发现，股份交易制度化所带来的文化-认知合法性提高，将增加恶意收购的发生率。杰拉德·戴维斯和亨里希·格里弗运用合法性机制理论，解释了规制合法性、文化-认知合法性以及规范合法性等因素如何影响"毒丸"和"金降落伞"这两类公司收购治理方式的扩散（道宾，2008）。一般而言，稳定而长久的日常互动经验有利于促进集体行动（Fligstein，1996；施奈普、圭伦，2008）。所有行动参与者之间形成一套共同的话语和理解。这种共同的话语和理解是通过制度化在一个较长的时间内产生、固定并得到强化的。在长期互动中形成一套共享认知框架，并在框架中互动和使用一套标准话语来交换信息（施奈普、圭伦，2008）。同样，在公共物品供给中，参与者之间制度化的日常互动经验有利于产生意义和相互协调。因此，对于公共物品供给相关制度（如民主制度、"一事一议"制度以及项目制度）的关注与认知，很有可能影响人们在公共物品供给中的参与意愿。

综上，以往的研究分别从个体和制度两个方面研究了公共物品供给的影响因素，但未有研究同时结合个体和制度两方面因素讨论个体对制度安排的认知是否会对公共物品供给产生影响。新制度主义学派理论认为，制度认知会影响制度的实施效果。由此，笔者提出主要假设：人们对村庄各项制度安排（与公共物品供给密切相关的制度安排包括村庄民主选举制度、"一事一议"制度与项目制度等）的认知，会显著影响其在公共物品供给中的参与意愿。

三　制度认知和公共物品供给参与意愿：实证结果

（一）数据介绍、变量定义与描述性统计

1. 数据介绍

本章的定量数据来源于 2016 年 7~8 月，在福建省莆田市、福州市等地区开展的问卷调查。我们采用分层随机抽样，从莆田市和福州市随机抽取 4 个乡镇，每个乡镇随机抽取 10 个村庄，共抽取 40 个村庄。每个村庄随机抽取 10 户农户进行入户调查。调查中总共发放了 400 份问卷，最终回收有效问卷 392 份，回收率为98%。具体的问卷填答一般由户主完成，当户主不在时，由其他成年的家庭成员填答。在入户调查中，也进行相关的访谈，补充必要的定性访谈资料。农户问卷主要包括年龄、性别、受教育程度、政治面貌、经济水平等个人信息，也包括"村庄是否有实施'一事一议'制度、村庄是否有国家专项资金支持的公共项目、是否为国家专项资金重点支持的模范村/薄弱村？是否愿意参与村庄公共项目?"等各项涉及个人认知与行为指标的问题。其中，笔者用个人月消费与家庭月消费来预估被访者的经济水平状况。

2. 变量定义与描述性统计

本章主要考察"一事一议"与项目制、民主选举等制度认知是否显著影响人们在公共物品供给中的参与意愿？因变量是人们在公共物品供给中的参与意愿。在问卷中笔者用李克特量表来测量人们的参与意愿，具体定义为"一般而言，您对我们村庄所开展的各项公共项目的参与意愿（包括捐资或者投入义务工）是"？回答分为"非常不愿意、比较不愿意、一般、比较愿意、非常愿意"五个等级，并从低到高用 1~5 分给这五个等级赋值。从

表3-1可以看到所调查的样本中，人们对公共物品供给的参与意愿水平为3.33分，处于中等水平。

本章的主要预测变量是人们对民主选举、"一事一议"、项目制等制度实施情况的认知。在问卷中，以"我们村庄是否有实施'一事一议'制度"、"我们村庄是否有国家专项资金支持的公共项目"、"我们村是否为国家专项资金重点支持的模范村"以及"我们村是否为国家专项资金重点支持的薄弱村"等四个指标来测量人们对所在村庄是否实施"一事一议"或项目制等制度的认知。"模范村""薄弱村"这两种情况笔者均视为有项目制实施的村庄。考虑到被调查的所有样本村庄都实施了民主选举制度，笔者在问卷中用"您是否参与了上次村庄民主选举投票？"来考量人们对村庄民主选举制度的关注与认知程度。表3-2报告了这几个变量的频数占比情况，我们可以看到，在所调查村民的认知中，近一半的村民认为自己所在村庄实施了"一事一议"制度（占比为49.4%）；59.0%的村民认为所在村庄有国家专项资金支持的公共项目；10.2%的村民认为自己所在村庄是国家专项资金重点支持的模范村；2.4%的村民认为自己所在村庄是国家专项资金重点支持的薄弱村。这里需要强调的是，这几个指标均是被调查者对制度实施的认知情况，并不等同于村庄实际客观情况。同时，表3-2还报告了过半的被调查村民对村庄选举制度关注度较高，55.2%的被调查村民参与了上次村庄民主选举投票。

表3-1 主要变量的描述性统计

变量	最小值	最大值	均值	标准差
年龄（岁）	18	85	38.54	15.323
家庭月消费（元）	300	60000	4211.86	4202.329
个人月消费（元）	0	10000	968.602	867.816
公共项目参与意愿（分）	1	5	3.33	1.105
对村庄以往公共物品供给的满意度（分）	1	5	3.59	0.954
对邻居的信任程度（分）	1	5	1.89	0.763
对村干部的信任程度（分）	1	5	3.03	0.937

表 3-2 主要变量的频数占比

单位：%

变量	是	否
性别（是＝女,否＝男）	54.9	45.1
是否党员	10.5	89.5
是否属于大姓（所属姓氏占比超过 1/3）	81.4	18.6
村庄是否实施"一事一议"制度	49.4	50.6
村庄是否有国家专项资金支持的公共项目	59.0	41.0
村庄是否为国家专项资金重点支持的模范村	10.2	89.8
村庄是否为国家专项资金重点支持的薄弱村	2.4	97.6
是否参与了上次村庄民主选举投票	55.2	44.8

除了因变量与主要预测变量，笔者还加入了被访者的年龄、性别、是否党员、经济水平（个人月消费与家庭月消费）、是否属于大姓、对以往村庄公共物品供给的满意度，以及对邻居、对村干部的信任程度等变量作为控制变量。控制变量的选择依据主要来源于以往研究，如钱文荣和应一逍（2014）的研究梳理了可能对农户参与村庄公共物品供给意愿产生影响的四大因素：个体特征（性别、年龄、社会身份和受教育水平）、家庭特征（经济水平与社会资本/所属大姓）、村级民主（民主选举制度）以及基础设施现状（村庄已往公共物品供给情况）。据此，本章的控制变量也大致分为个体特征（性别、年龄、政治面貌与受教育程度）、家庭特征（经济/消费水平与是否属于大姓）以及社会态度（包括社会信任与公共物品供给满意度）三项，具体参考表 3-3。各项控制变量的主要情况参考表 3-1 与表 3-2，我们可以看到，此次调查对象的男女性别比例相当，差不多各占一半；平均年龄为 38.54 岁，其中党员占比为 10.5%。个人月消费均值为 968.602 元，家庭月消费均值为 4211.86 元。家庭特征中，可以看到宗族是一个重要因素，所属姓氏属于大姓的比例超过一半，高达 81.4%。人们对村庄以往公共物品供给的满意度以及对村干部的信任程度均处于中等水平，均值分别为 3.59 分与 3.03 分；而对邻居的信任程度较低，均值只有 1.89 分。

（二）回归分析

本章运用多元线性回归分析考察"一事一议"、项目制和民主选举等制度认知对村民公共物品供给参与意愿的影响。OLS 估计结果如表 3-3 所示。

表 3-3 "一事一议"、项目制和民主选举等制度认知对村民公共物品
供给参与意愿的影响（OLS）

预测变量	回归系数	标准回归系数	t 值	sig.	VIF
主要预测变量:制度认知					
是否有"一事一议"制度[a]	**0.439**	**0.217**	**1.902**	**0.061** *	**1.276**
是否有国家项目[a]	−0.107	−0.051	−0.438	0.663	1.352
是否项目制的模范村[a]	**−0.652** *	**−0.207**	**−1.843**	**0.069** *	**1.237**
是否项目制的薄弱村[a]	−1.057	−0.107	−0.864	0.390	1.504
是否参与上一次村委会选举投票[b]	−0.285	−0.139	−1.213	0.229	1.290
控制变量					
个体特征					
性别[c]	−0.293	−0.142	−1.150	0.254	1.501
年龄	0.003	0.051	0.340	0.735	2.244
受教育程度	0.069	0.109	0.717	0.476	2.271
是否党员[d]	0.017	0.006	0.046	0.963	1.554
家庭特征					
是否属于大姓[e]	**0.553**	**0.215**	**1.886**	**0.063** *	**1.273**
个人月消费	8.980E−006	0.079	0.501	0.618	2.408
家庭月消费	3.842E−005	0.140	0.898	0.372	2.386
社会态度					
对村庄以往公共物品供给的满意度	−0.048	−0.046	−0.391	0.697	1.359
对邻居的信任程度	0.125	0.095	0.850	0.398	1.226
对村干部的信任程度	−0.145	−0.128	−1.102	0.274	1.327
常数项	2.892		3.221	0.002 ***	
N		392			
R		0.451			
R²		0.203			
sig.		0.028			
F		1.326			

注：#$p<0.1$，*$p<0.05$，** $p<0.01$，*** $p<0.001$；a 是 =1，否 =0；b 未参与投票为参考变量，参与 =1，未参与 =0；c 男性为参考变量，男 =0，女 =1；d 党员为参考变量，是 =1，否 =0；e 属于大姓为参考变量，是 =1，否 =0；VIF 为共线性诊断统计量，$0<VIF<10$ 时，说明模型中的解释变量之间不存在多重共线性问题。

多元线性回归分析整体模型显著，对所有解释变量的多重共线性诊断显示，VIF 值处于 0~10，说明解释变量之间不存在多重共线性问题。通过回归分析结果主要得出以下结论。

首先，在控制了性别、年龄、受教育程度、经济水平、公共物品供给满意度与社会信任等个体特征、家庭特征和社会态度多项变量之后，笔者的主要预测变量为制度认知，结果显示，制度认知对人们公共物品供给参与意愿具有显著影响。具体来看，本章所考察的三大制度认知中，只有民主选举制度认知对人们的公共物品供给参与意愿没有显著影响，而"一事一议"制度和项目制的认知情况对人们在公共物品供给中的参与意愿都有显著影响，且从标准回归系数来看，两者的影响程度差不多（标准回归系数分别为 0.217 与 -0.207），但"一事一议"制度认知与人们参与意愿之间呈正相关关系，而项目制认知与人们参与意愿之间呈负相关关系。详细地说，第一，"一事一议"制度认知对人们的参与意愿具有显著积极影响，即认为自己所在村庄有实施"一事一议"制度的人在村庄公共物品供给中的参与意愿更高。第二，项目制认知对人们参与意愿的影响较为复杂：如果人们认为村庄只有国家专项资金支持的项目，对其在公共物品供给中的参与意愿没有显著影响；或若认为所在村庄是国家专项资金重点支持的薄弱村，对其参与意愿也没有显著影响；但如果人们认为所在村庄是国家专项资金重点支持的模范村，那么这对他们在公共物品供给中的参与意愿具有显著负向影响，即相对于其他非模范村，当人们认为所在村庄是被国家专项资金重点支持的模范村时，他们在村庄公共物品供给中参与捐资或投入义务工的意愿反而会降低。

如何理解"一事一议"制度认知对人们的参与意愿具有正向影响，而模范村项目制认知所带来的却是负向影响？或许制度合法性理论与政府财政支持所带来的挤出效应可以给我们一定的启发。制度合法性理论认为，制度的规制、道德规范与文化-认知要素均可增加一项制度的合法性水平，由此促进该项制度的有效实施（斯科特，2010）。"一事一议"制度本质上是有关村庄公共物品供给的民主协商制度，这项制度的实施及其认知，提升了公共物品供给的合法性，提高了人们的参与意愿。已有研究认为，政府的财政支持对农户参与公共物品供给的效应可以分成三类，即引致效应、挤出效应和汲水效应（钱文荣、应一逍，2014）。这里，模范村项目制认知给村民带来的是挤出效应：一方面，国家资金重点支持模范村，政府供给代替了农户的自我供给，使得政府公共投资排挤了农户供给，降低了人们的参与意愿；另一方面，政府公共投资的增加使得人们对政府供给的依赖性增加，从而降低了人们的参与意愿。

其次，性别、年龄、受教育程度、经济水平、公共物品供给满意度与社会信任等个体特征、家庭特征和社会态度多项变量大部分对人们的公共物品供给参与意愿没有显著影响，只有家庭特征中的所属姓氏属于村庄大姓一项对人们的参与意愿有显著正向影响。根据以往的研究，可以将这一项变量视为宗族因素或社会资本因素（孙秀林，2011；钱文荣、应一逍，2014；Xu & Yao，2015），就不难理解其对公共物品供给参与意愿的显著影响了。宗族制度是中国传统乡村社会治理的重要方式之一，在大多数村庄，以传统伦理为基础的社会关系在村庄治理结构中仍然占据主导地位。尤其在笔者所调研的福建省，宗族因素的作用较为明显。莫里斯·弗里德曼（2000）在研究了中国东南地区的宗族情况后指出，"几乎在中国的每一个地方，几个紧密相连的村落构成乡村社会的基本单位。氏族通常只是村落的一个部分。但是在福建和广东两省，宗族和村落明显地重叠在一起，以至许多村落只有单个宗族"。在农村公共物品供给过程中，村民之间的血缘关系起着极为重要的作用，村民之间的互动多集中于宗族范围内。相对于村庄层面的"半熟人社会"，宗族内部则构成完整意义上的"熟人社会"（贺雪峰、仝志辉，2002）。"熟人社会"中充满了高密度的社会信任与互惠规范，以及有效的信息传播，都有利于促进人们参与公共物品供给（Putnam，1993，2000；Ostrom et al.，1993）。

四　小结

提供良好的村庄公共物品是实施乡村振兴战略的重要保障。税费改革之后，国家力图通过"一事一议"制度以及项目制改善农村公共物品供给情况。但国家资金不可能包揽全部农村公共物品供给，农户仍然是村庄公共物品供给的主体，村级内部的组织能力以及农户的参与意愿对公共物品供给始终至关重要。通过文献梳理，笔者发现已有研究主要从个体与制度方面探讨影响人们公共物品供给参与意愿的各项因素，鲜有研究同时结合个体与制度因素研究人们的制度认知是否会影响其参与意愿。基于新制度主义学派的制度合法性理论，本章通过随机抽样，对福建省莆田市、福州市等 40 个村庄 400 户农户开展问卷调查，研究"一事一议"、项目制等制度安排背景下，人们在农村公共物品供给中的参与意愿问题，并试图论证制度认知对人们公共物品供给参与意愿的影响。通过对定量数据的描述性统计与回归分析，主要得出以下结论。

第一，笔者所调查的样本中，人们对公共物品供给的参与意愿处于中等水平。已有研究认为，农户常常认为政府是农村公共物品供给的主体，因此他们参与村庄公共物品供给的意愿偏低（王春超，2010；罗小锋，2012）。而本项关于福建省两市的研究所得结论相对乐观，人们参与村庄公共物品供给的意愿并不算太低。

第二，总体而言，年龄、性别、受教育程度、家庭经济水平、公共物品供给满意度、社会信任等各项个体特征、家庭特征以及社会态度，对人们在村庄公共物品供给中的参与意愿都没有显著影响。不过，在福建农村地区，宗族因素不仅存在，而且对人们参与意愿有着重要、不可忽视的显著正向影响。

第三，通过回归分析，笔者论证了制度认知对人们在村庄公共物品供给中的参与意愿具有显著影响。民主制度认知对人们参与意愿的影响不明显，但"一事一议"制度和项目制认知均对人们参与意愿的影响具有显著性。"一事一议"制度认知所带来的合法性，可以提升人们的参与意愿；而项目制认知，由于挤出效应，在一定程度上会降低人们的参与意愿。

在中国农村公共物品供给中，不仅与其相关的各项制度安排会影响人们的参与意愿，而且对制度实施的认知情况，也会显著影响人们的参与意愿。在今后的研究与具体实践中，对于与公共物品供给相关的制度安排及其制度认知，我们应该予以同等程度的重视与关注。

第四章
认知合法性机制与公共物品供给
——基于村庄个案研究

一 制度、制度合法性与公共物品供给

（一）正式制度与公共物品供给

美国经济学家曼瑟尔·奥尔森（Mancur Olson）在其经典著作《集体行动的逻辑》中指出，在公共物品供给的参与合作中，每个理性利己的人，都有不劳而获、试图坐享其成的"搭便车"倾向；而且集体行动中的人数越多，其成员"搭便车"的概率越大（Olson，1965；奥尔森，2014），在奥尔森的理论里，公共物品供给是一个集体行动困境的问题。此后的研究也发现，公共物品供给常常与集体行动困境联系在一起（Tsai，2007b），这是公共物品属性所致。公共物品具有非竞争性和非排他性，因缺乏激励机制，它一般不能或不能有效通过市场机制由企业或个人来提供，而主要由政府提供。西方已有的治理和国家—社会关系理论，预设了政府是公共物品与公共服务的供给主体，将公共物品供给和公共服务纳入政府治理框架中。他们发展了三大理论预设：第一，经济因素决定着公共物品供给的质量。经济发展为当地政府和居民带来更多的资源，由此可以带来更优质的公共物品和公共服务，即经济发展带来良好的公共治理；第二，良好的公共治理，依赖于能否发展出一套行之有效的正式民主和科层制度，对官员进行有力监督和制裁（Dahl，1971；O'Donnell，1996；Rose-Ackerman，2005；Seabright，1996）；第三，社会因素也可以增进公共治理，市民社会以及社会资本理论认为，特定的志愿组织、兴趣团体以及社会组织活动可以有效促进政府的公共治理，包括公共物品供给和公共服务（Boix & Posner，1998；Edwards & Foley，1998；Ehrenberg，1999）。罗伯特·帕特南（Robert Putnam）关于意大利南北方政府公共治理绩效不同的研究，凸显了社会因素对公共参与的重要作用，他所发展的社会资本理论认为，基于信任、稠密的互惠规范与公共参与网络的社会资本，可以极大地促进公共参与中合作问题的解决，由此促进政府公共治理的绩效（Putnam，1993，2000）。

我国已有的相关研究主要集中探讨正式的制度设计对农村公共物品供给的影响。在税费改革之后，中国农村面临新一轮的财政资金困难，国家开始以项目制的方式，推进新农村建设。自上而下地依靠"项目化"的资金与分级治理制度促进村庄公共物品供给（折晓叶、陈婴婴，2011；周飞舟，2012；渠敬东，2012；陈家建，2013）。

同时，除了制度设计，国内外学者也从外在民主制度视角对公共物品供给问题进行了研究，论证了外在的民主制度有利于促进政府提供更多的公共物品（Lizzeri & Persico，2001；Besley & Burgess，2002；Besley & Coate，2001；张晓波等，2003；Zhang et al.，2004；Luo et al.，2007a，2007b；张林秀等，2005a，2005b；蔡晓莉，2006；Tsai，2007b；罗仁福等，2006；孙秀林，2009）。

（二）非正式制度与公共物品供给

经济、资源以及政府的公共投入都在很大程度上决定一个地区的公共物品供给水平。一方面，中国农村公共物品长期面临供给不足的问题，政府对农村的公共财政支出，只有很少的一部分会投入公共物品供给中（Tsai，2002）。农村税费改革加重了农村地区公共物品供给的财政不足情况（张晓波等，2003；Zhang et al.，2004；张林秀等，2005）。另一方面，社会学的许多研究发现，在正式组织职责不清、正式制度缺失的情况下，社会可以自主发展出不同类型的非正式组织/制度来履行正式组织的功能（Nee & Su，1996；Greif，2006），这一理论视角，被借鉴到公共治理与公共物品供给的研究中。关于中国的研究发现了基于宗族、村庙等的社会组织和非正式制度在公共物品供给中的功能性作用。韦伯、弗里德曼和林耀华关于中国宗族的功能性分析中的重要一条是宗族组织对村庄公共事务的治理功能（弗里德曼，2000；林耀华，2000）；张厚安等的田野研究发现，中国农村地区存在许多宗族、庙会、老人协会等社会组织，这些非正式组织承担着村庄大量的公共事务（郑一平，1997；张厚安等，2000；肖唐镖，1997；Peng，2004；彭玉生，2009；Xu & Yao，2015）；美国学者 Lily Tsai 通过对中国农村公共物品供给的大量实证研究，创造性地发展出"连带团体"（solidary groups）理论，有力解释了在转轨的同一制度环境下，中国农村不同区域为何存在公共物品供给水平差异的问题（Tsai，2002，2007a，2007b，2011）。孙秀林（2011）研究了华南的宗族与村庄治理，发现在正式组织功能缺失的情况下，非正式的宗族组织成为满足村民公共物品供给需求的一个替代性组织选择。还有学者通过个案研究，论证了村庄惯例、习俗等非正式制度，显著提高了村民在公共物品供给中的参与程度，积极影响了村庄公共物品的自我供给（温莹莹，2013，2015）。

（三）制度合法性机制与公共物品供给

国内外学者从正式与非正式制度的视角，充分讨论了制度与公共物品供给集体行动之间的紧密联系。然而，已有的研究大多在宏观层面论证了正式制度、非正式制度与公共物品供给之间的关联，而对于正式制度、非正式制度何以促进公共物品供给的具体微观机制，还未有充分的讨论。据此，本章将延续已有的制度框架，以一个个案村庄为例，探讨村庄公共物品供给问题。但不同于以往宏观的制度视角（正式的民主或财政制度与非正式制度框架），笔者将从微观视角关注制度如何具体地影响村庄公共物品的供给。尤其要深入探讨，个案村庄中的特定制度在实施过程中，是否存在一些可促进村民积极参与村庄公共物品供给的微观机制，即笔者试图研究制度合法性及其机制与村庄公共物品供给之间的关系。

伯格与拉克曼认为，制度的合法性并不是一开始就具备的，在制度化的早期阶段，制度设置将使人们的行为模式不断重复产生，随后这种行为模式会在参与者之间引起共同的意义，即将此行为模式与广泛的文化结构、规范联系起来，制度逐渐获得合法性，才有了制度的正当性（Berger & Luckmann，1967）。斯科特认为，从制度视角看，合法性是一种反映了被普遍感知，与相关法律、规章制度以及道德规范支持相一致的状态，或者与文化-认知性框架相亲和的状态（斯科特，2010）。同时，斯科特也讨论了制度的三大基础要素分别为其合法性提供了不同的支撑。他认为，不同的社会理论家先后把规制性（regulative）、规范性（normative）和文化-认知性（cultural-cognitive）分别定为制度的关键要素（斯科特，2010）。更重要的是，斯科特在书中详细分析了不同制度要素的不同合法性来源。具体而言，规制性要素、规范性要素和文化-认知性要素的合法性分别来源于法律制裁、道德支配和深层的文化支持（斯科特，2010）。

以上理论为相关的实证研究提供了相应的分析框架。笔者也将在制度合法性机制的理论框架下，探讨制度合法性与村庄公共物品供给之间的关系，并进一步探索制度能够有效实施的微观合法性机制基础。

二　个案概况与研究预设

（一）个案概况

本章的实证数据主要来源于 2010 年 8 月至 2011 年 8 月以及 2016 年 7 月至 2017 年 8 月在个案村庄 T 村的田野调查。研究结合问卷法与访谈法考察 T 村的公共物品供给情况。所选个案村庄是位于福建省的 T 村。2010 年 8~9 月，首次走访 T 村并完成初步调研；2011 年 2~5 月，第二次进入 T 村开展调研，访谈近 10 年以来 T 村公共物品供给的现状以及每项公共物品供给的组织和动员过程；2011 年 7~8 月，于 T 村开展问卷调查，收集相关定量数据；2016 年 7 月至 2017 年 8 月，重返 T 村补充部分定量数据与访谈资料。笔者共在村庄抽取了 120 个样本，最终回收有效问卷 109 份 。

（二）村庄公共物品供给

T 村土地总面积为 17103 亩，现有耕地面积 878 亩，山地面积 14860 亩，林地 9710 亩，果园面积 1667 亩。[①] T 村由 8 个自然村组成，划分为 18 个村民小组。村庄现有农户 708 户（其中 5 户为 C 氏，703 户均为 W 氏），总人口为 2486 人。其中外出打工做生意等的大约 1000 人。2010 年，村民年人均收入约为 5000 元。村庄以农业生产为主，并无任何集体收入。研究发现，近 10 年中，除了村庄每年例行的公共活动集资之外，村庄通过动员村民集资，成功促成了几项大型公共物品的自我供给（见表 4-1）。

表 4-1 2000~2010 年 T 村公共物品供给概况

时间	公共集资项目	集资范围	集资数额	集资主要组织者
每年例行	"四月十"地方神诞庆	各个自然村内部	数万元不等	头家
每年例行	元宵祭神	各个自然村内部	数万元不等	头家
每年例行	冬至祭祖(W 氏太祖)	8 个自然村轮流负责,自然村内部集资	数千元	头家
2000 年	修建宗祠、地方神宫殿	T 村(8 个自然村)	十几万元	W 氏理事会+头家
2001 年	修建圣母宫殿	T 村(8 个自然村)	十几万元	W 氏理事会+头家
2003 年	修建行政水泥村道(T 村至镇上村道)	T 村(8 个自然村)	四十几万元	村干部+头家
2004 年	自然村水泥村道 t	自然村 t 内部	二十几万元	头家
2004~2005 年	自然村水泥村道 z	自然村 z 内部	二十几万元	头家
2005 年	自然村水泥村道 d	自然村 d 内部	二十几万元	头家

表 4-1 呈现了村庄每年例行公共活动的集资情况以及近 10 年以来各项公共物品供给的集资情况（数据来源于 2010 年 8 月至 2011 年 5 月的调研与

[①] 数据来源于 T 村所属乡政府相关统计数据。土地总面积是 T 村的面积，但很大一部分的山地面积属于"插花地"，所以后面几项的面积总和大于土地总面积。

访谈）。虽然村庄的集体经济和村民经济水平不高，但相关的公共物品和公共集资却不少。

我们可以从表 4-1 中看到，村庄所有公共项目的集资，共涉及三项正式或非正式制度的实施及其主要的组织者。

1. 村庄民主选举制度与村干部

村庄两委在内的所有村干部（如村书记、主任、妇女主任以及其他两委委员等）是村庄公共事务治理的主体。已有研究指出，在国家公共财政投入有限的情况下，村干部承担起组织村庄公共物品供给的重责（Tsai，2002，2007a，2007b，2011）。1988 年开始实施的《中华人民共和国村民委员会组织法》也明确规定，村委会与村干部在任职期间，必须承担为村庄提供公共服务、维持村庄社会秩序等职责（O'Brien，1994）。村干部被期待应在村庄各项公共物品供给中起到主要的动员和组织作用，尤其是在村庄生产性公共物品供给中。调研发现，在 T 村，村干部确实负责发起和组织修建水泥村道的公共集资，但在具体组织过程中，村干部只负责行政村道修建的部分集资，而所有自然村道的集资组织最终都由各个村庄的"头家"负责。

2. 宗族制度与 W 氏理事会

从村庄概况中，可见 T 村最突出的特点是其是单姓宗族村庄。数百年来，村庄保留了大量与 W 氏宗族相关的传统习俗与公共活动。对各项纷繁复杂的宗族活动及事务的治理，要求宗族内部具备相对固定的组织形式，并在此基础上形成一定的权力结构（林耀华，2000），① 但在研究中笔者发现，作为单姓宗族村庄，历史上 T 村并未有过以"族房制"和

---

① 林耀华认为，宗族内部的权力结构一般存在于两种最基本的宗族组织形式之中：一是宗族中以辈分和年龄划分而成的权力结构，即"族房制"；二是正式的宗族组织，主要指"祠堂会"，或称为"宗族理事会"。在"族房制"中，族内分房，"房长的产生并非由于选举或委任，乃是时代递嬗自然演成的结果，那就是说，房内的男性子孙，谁的代数（辈分）最高，而且年龄最长者，那人就是房内当然的房长。房长先计代数，后计年龄；十五（指其族内共分十五房）房长中，必有一人其代数和年龄冠于侪辈者，这人就是本族族长"。在正式的宗族组织"祠堂会"形成之前，宗族事务主要通过"族房制"进行治理。"然有了祠堂以后，正式条例成立，组织比较固定，于是族人的目标和眼光向着祠堂集中。"（林耀华，2000）

"祠堂会"为基础的宗族组织，也未有过与宗族公共事务治理相关的明文规定或正式制度。1997年，为了修订族谱，翻修祖祠、宗庙等，由T村中辈分和年龄大的长者发起，第一次成立"W氏理事会"。2000年、2001年，W氏理事会又发起组织公共集资，用于重建宗祠、地方神宫殿（田公元帅宫殿与圣母宫殿）等。但在具体实施过程中，W氏理事会常务委员的组织效果有限，最终的筹资任务由各个自然村的"头家"负责完成。

3. 头家轮流制度与头家

在各项公共物品供给的集资中，笔者发现"头家"频频出现（见表4-1）。那么，什么是"头家"，他们由哪些人组成？这些是关键的问题。

在对T村各项宗族性公共活动的具体考察中，笔者发现了村庄中自发生成的非正式制度"头家轮流制"。"头家"正是来源于"头家轮流制"。这项非正式制度被运用到几项与村庄宗族相关的活动中，如每年例行的"四月十"地方神诞庆、冬至祭祖和元宵祭神活动。这些活动在8个自然村轮流开展，由此延伸出"头家轮流制"中两层含义的"头家"。

T村包括8个自然村落，代号分别为w、z、tgl、t、y、d、b和g村。这8个自然村各自举办活动的轮流次序如下：w村→z村→t村→tgl村→y村→d村→g村→b村。

首先，在自然村落层面，"头家轮流制"是指在T村8个自然村落之间，每年/次由一个村落充当"头家"，并依次在8个村落之间轮流。每年只需要一个村落充当"头家"，并负责组织这一年冬至祭祀祖祠和太祖墓等所有活动，其余村落一概不需要参与这一年W氏祖祠和太祖墓的祭祀活动。其次，在每个自然村内部，每四户村民自由组合成一组，每个村落内部分成若干组，并登记在册。最后，根据轮流制，"头家"在每个组之间轮流，每一年由一个组充当"头家"，再根据册簿依次轮流。所以，这里的"头家"即村落内部具体的四户村民，一般由每户的户主组成。

简单概括，"头家"源于村庄传统公共活动发展出的非正式制度"头家轮流制"，"头家"除了在村庄内部轮流，也在各个自然村之间轮流。而在

表 4-1 中各项公共活动的组织者"头家",主要在各个自然村内部,由一般村民轮流组成,每年"头家"不同。当了"头家"的四户村民,需要承担这一年自然村所有例行公共活动的集资。更重要的是,笔者调研发现,村庄所有公共项目和公共集资的组织者中,都有"头家"的身影。结合 T 村公共物品供给的具体情况,笔者借鉴斯科特的制度合法性理论框架,提出以下主要预设。

H. 在公共物品供给中,不同制度的实施带来人们公共参与水平的不同,反映了不同制度的合法性及其机制对公共物品供给的影响。

在具体的论证中,衍生出以下子预设。

h1. 不同制度的组织绩效不同,即在公共物品供给中,不同制度的实施导致人们公共参与水平不同。

h2. 制度实施的合法性影响公共物品供给水平,具体表现为,在公共物品供给中,人们对不同制度及其组织者的信任程度不同,其公共参与水平不同。

在论证以上预设的基础上,笔者将进一步探索是哪些具体微观的合法性机制,确保了一项制度在村庄公共物品供给中的有效实施?

三　认知合法性机制与 T 村的公共物品供给

（一）制度的组织绩效

在 2010 年 8 月至 2011 年 5 月的实地考察和访谈中,笔者主要考察 T 村近年来的公共物品供给现状、各项公共物品供给制度的实施情况和组织者的具体动员过程及其绩效。研究发现,由民主选举制度产生的村干部发起的几次修路项目集资,需要各个自然村"头家轮流制"中的"头家"组织动员和筹集;由 W 氏理事会发起的重建宗祠村庙项目,最终也由自然村"头家"接手完成集资（见表 4-1）。

这些案例中公共物品供给的制度实施绩效问题隐约浮现。不同制度实施是否存在不同的组织绩效？由此，提出本章子预设 h1：不同制度的组织绩效不同，即在公共物品供给中，不同制度的实施导致人们公共参与水平不同。

在问卷设计中，笔者主要运用村民在公共物品供给中的参与水平来考察不同制度的组织绩效问题。通过问卷调查与对数据的统计分析，笔者得到以下结果（见表 4-2）。

表 4-2　不同制度的组织绩效：村民在修路项目中的公共参与水平（实际参与情况）

单位：%

项目/参与情况	没有参与 （捐资/义务工） 占比	实际参与 （捐资/义务工） 占比	集资范围	集资主要组织者
2003 年 T 村至镇上行政 水泥村道	71.6	28.4	T 村（8 个自然村）	村干部+头家
2004 年自然村水泥村道 t	6.3	93.8	自然村 t 内部	头家
2004~2005 年自然村 水泥村道 z	0.0	100.0	自然村 z 内部	头家
2005 年自然村水泥村道 d	27.7	72.3	自然村 d 内部	头家

问卷调查数据的统计分析结果如表 4-2 所示，我们可以明显看到，同样是村庄修路项目的公共集资，由于组织制度不同，村民的参与水平明显不同。2003 年修建 T 村至镇上的行政水泥村道，集资由民主选举制度的村干部负责组织，村民实际的公共参与（捐资或投入义务工）占比只有 28.4%；而在 2004~2005 年，其他三项均通过"头家轮流制"组织自然村水泥村道的修建，村民实际的公共参与水平分别高达 93.8%、100.0%以及 72.3%。不过，如表 4-2 所示，行政水泥村道与自然村水泥村道修建集资，除了组织制度不同，其集资范围也不同，分别为全行政村范围与个别自然村内部。

那么，集资范围是否会影响村民的公共参与水平呢？笔者在进一步的数据分析中，试图考察这一问题。表 4-3 呈现了村民在不同宗族公共物品供给中的参与水平。

表4-3 不同制度的组织绩效：村民在宗族公共物品供给中的参与水平（实际参与情况）

单位：%

项目/参与情况	没有参与（捐资/义务工）占比	实际参与（捐资/义务工）占比	集资范围	集资主要组织者
"四月十"地方神诞庆	2.8	97.2	各个自然村内部	头家
元宵祭神	3.7	96.3	各个自然村内部	头家
2000年修建宗祠、地方神宫殿	17.4	82.6	T村（8个自然村）	W氏理事会+头家
2001年修建圣母宫殿	18.3	81.7	T村（8个自然村）	W氏理事会+头家

如表4-3所示，同样是与宗族相关公共活动的集资，同样是在全行政村范围内集资，村民在各项公共集资中的参与水平仍然不同。参与水平明显不同的分割线，在于集资的不同制度。由"头家轮流制"组织的"四月十"地方神诞庆和元宵祭神的集资，村民的参与水平分别高达97.2%和96.3%；而由W氏理事会组织的两次公共集资（修建宗祠与村庙），村民的参与率明显下降。如果不是后期的集资交由"头家"进行组织动员，村民的参与率可能远远低于82.6%和81.7%。

综上，笔者看到，在各项公共物品供给中，因组织者不同，村民参与公共集资的水平也不同。由此，验证了第一个子预设：不同制度的组织绩效不同，即在公共物品供给中，不同制度的实施导致人们公共参与水平不同。在T村具体的案例中，笔者发现，在村庄各项公共物品供给中，当由"头家"组织时，村民的公共参与水平明显高于由村干部或W氏理事会组织的公共项目。换句话说，在T村公共物品供给中，"头家轮流制"的组织绩效明显高于民主选举制度或宗族制度的组织绩效。

（二）制度实施的合法性

笔者认为，"头家轮流制"的组织绩效明显高于另外两项制度的原因在于，不同制度实施的合法性不同，因而影响了人们在公共物品供给中的参与程度。在初步调研和访谈之后，笔者提出第二个子预设h2：制度实施的合法性影响公共物品供给水平，具体表现为，在公共物品供给中，人们对不同制度及其组织者的信任程度不同，其公共参与水平不同。按照伯格与拉克曼的观点，在人们的社会互动中，存在一个秩序/制度合法化的过程，这个过程把秩序与广泛的文化结构、规范或规则联系起来。合法化通过把认知的有效性和真实性归因于客观化的意义来解释制度性秩序的出现。合法化通过赋予实践命令一种规范尊严来证明制度性秩序的正当性（Berger & Luckmann，1967）。也就是说，在制度实施过程中，其通过人们对制度的意义认知、信任以及实践来体现合法性。

为了从经验上论证第二个子预设，笔者在问卷调查中，考察了村民对不同制度/组织者的信任情况。经过数据统计与分析，得到如下结果（见表4-4）。

表4-4 T村村民对"头家"、W氏理事会以及村干部的信任情况

单位：%

信任程度	"头家"	W氏理事会	村干部
很不信任	0	0	0.9
比较不信任	0	5.5	6.4
一般	1.8	34.9	36.7
比较信任	17.4	47.7	47.7
非常信任	75.2	8.3	7.3

注：部分无效填写数据占比未做呈现，因此总和不等于100%。

很显然，T村村民对村落"头家"的信任程度明显高于对W氏理事会或村干部的信任程度。T村村民对于"头家"特殊的高度信任，很大程度上来自制度因素，即作为非正式制度的"头家轮流制"。制度化的"头家"给T村村民带来有别于其他社会信任的高度信任感。帕特南指出，"信任，是社会资本必不可少的组成部分。在一个共同体中，信任水平越高，合作的可能性就越大。而且，合作本身会带来信任。信任，意味着对独立行动者之行为有预测。在小规模的紧密相连的共同体中，这种预测可以建立在伯纳德威廉斯所说的'厚信任'（thick trust）之上，也就是因对当事人熟悉而产生的信任"（Putnam，2000）。村民对"头家"的特殊高度信任，是否为提高村民在各项公共物品供给中的参与水平的关键因素？为了进一步论证这个问题，笔者运用量化数据，进行了两次逻辑回归分析，结果分别如表4-5、表4-6所示。

表4-5　"头家信任"对村民参与修建村庙集资的影响的逻辑回归分析

自变量	因变量:村民是否参与 2000 年村庙修建的公共集资/义务工			
	B	Wald	sig.	Exp(B)
性别[a]	0.794	1.237	0.266	2.212
年龄	0.063	3.501	**0.061[#]**	1.065
受教育程度	-0.322	0.628	0.428	0.725
个人收入	0.000	0.124	0.725	1.000
其他信任	0.174	0.223	0.636	1.190
头家信任	**0.961**	**9.310**	**0.002**[**]	**2.615**
常量	-1.563	0.751	0.386	0.209
Nagelkerke R^2	0.297			
似然值	79.337			
Chi^2	**21.522(sig.=0.001**[***]**)**			
N	109			

注：# $p<0.1$, * $p<0.05$, ** $p<0.01$, *** $p<0.001$；a. 参考变量为"女性"。

在表4-5的逻辑回归分析中，笔者主要想考察"头家信任"对村民在公共物品供给（修建村庙）中公共参与水平的影响。笔者以"头家信任"为最主要的自变量，并在模型中加入性别、年龄、受教育程度、个人收入和其他信任等变量作为控制变量。从表4-5回归分析的结果来看，Chi^2 的值为21.522，具有非常强的显著性，这说明此回归模型的解释力很强。在所有的自变量中，只有"年龄"和"头家信任"两项对于因变量的影响具有显著性，而且"头家信任"影响的显著性大大超过"年龄"变量；而包含"村干部信任"和"W氏理事会信任"的"其他信任"变量，对因变量的影响不具有显著性。同时，在所有变量中，"头家信任"的 Wald 值最高，这说明"头家信任"这一项因素是整个回归模型中最重要的自变量。有力印证了村民对"头家"特殊的高度信任，大大提高了村民在修建村庙集资中的公共参与水平。

运用同样的方法，笔者将论证"头家信任"对村民参与修建行政村道集资的影响（见表4-6）。

表4-6　"头家信任"对村民参与修建行政村道集资的影响的逻辑回归分析

	因变量:村民是否参与2003年行政村道修建的公共集资/义务工			
	B	Wald	sig.	Exp(B)
性别[a]	-0.876	1.914	0.167	0.416
年龄	0.052	3.737	0.053[#]	1.054
受教育程度	0.510	2.552	0.110	1.666
个人收入	0.000	1.405	0.236	1.000
村干部信任	-0.294	0.568	0.451	0.745
W氏理事会信任	0.646	2.389	0.122	1.908
头家信任	**0.721**	**5.346**	**0.021[*]**	**0.486**
常量	-2.417	1.467	0.226	0.089
Nagelkerk R^2	0.236			
似然值	110.541			
Chi^2	19.619(sig. = 0.006[***])			
N	109			

注：# $p<0.1$, [*] $p<0.05$, [**] $p<0.01$, [***] $p<0.001$；a. 参考变量为"女性"。

从表4-4至表4-6，笔者通过数据分析层层推导，逐步验证了第二个子预设，即制度实施的合法性影响公共物品供给水平，具体表现为，在公共物品供给中，人们对不同制度及其组织者的信任程度不同，其公共参与水平不同。

（三）"头家轮流制"的认知合法性机制

为何"头家轮流制"在村庄公共物品供给中的组织绩效最高？为何相比较于村干部与宗族理事会，人们更加信任"头家"？或者说，笔者想进一步探索，"头家轮流制"有效实施的合法性机制是什么？

新制度主义理论和经济社会学的一个核心观念是，如果一种经济实践具有合法性，它的发生就会更加频繁（施奈普、圭伦，2008）。笔者认为，一项制度的实施与实践，同样依赖其合法性，如果它具备合法性，它就会频繁地被实施。个案村庄在公共物品供给中，所涉及的三项制度（民主选举制度、宗族理事会制度和"头家轮流制"），在规制合法性机制方面是一致的，都不具备强制性（参与公共物品的供给与捐资都是自愿的，不强制执行）；单姓宗族村庄，人们在主流的道德规范方面差异不大，但不同于民主选举制与宗族理事会制度，"头家轮流制"是人们经过长时间的互动后自发形成的非正式制度，具备更深的文化认知合法性基础。

借鉴施奈普与圭伦的研究，笔者认为影响认知合法性的两个因素为"日常互动与不确定性"（施奈普、圭伦，2008）。正是这两个因素，增进了人们对"头家轮流制"合法性的认知。

首先，笔者认为，人们长期的相关日常互动经验的积累，能够提高互动制度的合法性，即 T 村人们长期在公共活动与相关公共物品供给中的互动所积累的经验，形成了"头家轮流制"，增进了人们对"头家轮流制"制度合法性的认知。合法性的规制性要素强调要与已经确立的制度规则相一致，而认知性要素则强调行为选择被（关于现实的）知识所限制和充实（Scott & Christensen，1995）。认知框架帮助行为主体理解现实，并帮助行为主体展开对其有意义的行动。意义在行为主体的互动过程中产生，并且在对现实的阐释中被接受而得以延续。在公共物品供给中，只有确定/信任组织者或其他参与者，才会促进人们的公共参与，克服"搭便车"；而参与者之间的制度化的日常互动经验有利于产生意义和相互协调（如经常参与村庄公共活动或其他公共项目等）。只有形成确定性及相关群体的经验，所有行动参与者之间才能形成一套共同的话语和理解。这种共同的话语和理解是通过制度化在一个较长的时间内产生、固定并得到强化的。在长期互动中形成一套共享框架，并在框架中互动，使用一套标准话语来交换信息，由此，公共物品供给才能有效出现和发展。

其次，"头家轮流制"对不确定的信息与环境的克服。事实上，"头家轮流制"并非 T 村村民的独创。已有的相关经验研究发现过类似"轮流制"的应用。最具代表性的是奥斯特罗姆的研究发现。巴伦西亚韦尔塔的灌溉轮换制度被称为"土诺"（turno）制度，这个制度通过一个复杂规则驱动的用水制度把水分配给特定的农户，这样的轮流制度实施的监督成本较低，使这一灌溉制度得以有效地自我实施（奥斯特罗姆，2012）。

T村的"头家轮流制"与巴伦西亚的灌溉轮换制度以及阿兰亚的渔场轮换制度十分类似。奥斯特罗姆对不同公共池塘资源自主治理的案例进行研究和分析后，总结与归纳了关于有效制度的八项设计原则（奥斯特罗姆，2012）。T村的"头家轮流制"是自发生成的非正式制度，并非全部符合奥斯特罗姆的有效制度的八项设计原则。但两者之间存在一些关键的相似性，启发笔者思考"头家轮流制"的合法性机制（见表4-7）。

表4-7 T村"头家轮流制"与奥斯特罗姆研究案例中轮换制度的异同

	T村的"头家轮流制"	巴伦西亚的灌溉轮换制度与阿兰亚的渔场轮换制度
不同点		
制度来源	人们长时间的互动无意识自发形成	经过正式管理委员会有意识制定形成
制度性质	非正式制度	正式制度
制度的制约对象	公共物品的供给者	公共资源的占用者
是否完全符合八项设计原则	不完全符合	完全符合
相同点		
监督	自我监督，成本低	自我监督，成本低
是否具备嵌套式单位	是（村落之间与村落内部大、小结构相互嵌套）	是（宪法选择、集体选择与操作规则三个层次相互嵌套）
是否克服了信息与环境的不确定性	是	是
制度绩效	有效	有效

表4-7清晰地区分了T村的"头家轮流制"与奥斯特罗姆研究案例中的轮换制之间的异同点。两者之间的差异较大，它们在制度来源、制度性质、制度的制约对象以及制度设计的原则上都存在差异，但从经验来看，两者却都是行之有效的制度。笔者认为，两项制度正是通过自我监督与相互嵌套克服了人们所面对的环境以及所需处理信息的不确定性，大大增进了人们对制度合法性的认知。

奥斯特罗姆对其研究的巴伦西亚的灌溉轮换制度与阿兰亚的渔场轮换制度中的监督机制做了详细的讨论（奥斯特罗姆，2012）。而在 T 村的"头家轮流制"中，同样看到监督的自我实施，并且是低成本地实施监督。其自我监督通过以下过程完成：在自然村落的轮流之间，考虑到请神、接神与送神的便利，轮流的次序与路线相对固定，在不发生意外的情况下，不会轻易改变轮流次序。这也意味着，每个村落必须严格按照轮流的次序、每年在相对固定的时间为神明举办庆典活动。没有任何村落可以逃避作为"头家"的责任；更重要的是，在自然村落内部的"头家"也面临全面的监督。"头家"轮流的次序不像村落之间那样受固定路线的制约，但作为全村落一年的宗族活动的负责人，其筹资、筹备和举办村落宗族活动的过程备受关注。

奥斯特罗姆认为，目前大多数对公共池塘资源问题及相关的集体行动问题的分析，集中于单一层次（可被称为是操作层次）的分析（Kiser & Ostrom，1982）。然而，技术和规则是不断变化的。制度变迁的分析比在一套固定的制度中分析操作决策更为困难（奥斯特罗姆，2012）。因此，奥斯特罗姆坚持应该进行多层次的分析，只在一个层次上建立规则而没有其他层次上的规则，就不会产生完整的、可长期存续的制度（奥斯特罗姆，2012）。海克桑把这建构成一系列嵌套的博弈（Heckathorn，1984）。T 村的"头家轮流制"是人们在公共活动中经过长期的互动与实践而自发形成的非正式制度。它实现了在两个层次上的相互嵌套，即在自然村落层次与村落内部农户层次。首先，在自然村落层次，"头家"单位是村落，轮流制涉及的是村落与村落之间的关系；其次，在村落内部农户层次，"头家"单位是农户组合，轮流制涉及的是农户之间的关系。正是这样一种在两个层次上、村落与农户都无法退出的嵌套机制，保障了"头家轮流制"的绩效与长期存续。

比较 T 村的"头家轮流制"与奥斯特罗姆的"土诺"制度，笔者发现，低成本的自我监督和嵌套单位在很大程度上克服了人们对"他人是否会'搭便车'"等信息与环境的不确定性。最终，"头家轮流制"因为人们长期实践互动积累了有效经验，并且通过制度本身的自我监督与嵌套单位克服了人们所要处理信息的不确定性，有效增进了人们对"头家轮流制"合法性的认知。

四　小结

笔者试图研究制度合法性及其机制与村庄公共物品供给之间的关系。以一个个案村庄的公共物品供给情况为例，笔者研究发现，制度实施过程中存在合法性问题，人们对不同制度及其组织者的信任程度不同，其参与公共物品供给的程度不同，即制度实施的合法性影响村庄的公共物品供给水平。笔者进一步探究了制度有效实施的具体合法性机制。借鉴斯科特的制度合法性理论框架，笔者发现，T村的"头家轮流制"在公共物品供给中的制度绩效之所以优于民主选举制与宗族理事会制度，其主要的合法性机制在于文化-认知合法性。在漫长的"头家轮流制"的形成过程中，人们长期的日常互动实践积累了丰富的相关经验，并在非正式的制度设计中通过自我监督与嵌套单位机制，克服了信息与环境的不确定性，保障了人们对"头家轮流制"的文化-认知合法性。

本章的案例，对今后进一步研究公共物品供给或集体行动具有一定的启发意义。本章论证了制度的文化-认知合法性在制度有效实施与公共物品有效供给中的积极作用。与规制合法性或规范合法性相比较，文化-认知合法性更深层地嵌入人们日常互动环境的文化土壤之中，由此，它才能构成关于社会实在的性质的共同理解，以及建构意义的认知框架（斯科特，2010）。从文化-认知合法性的角度，在地方性的情境中，随着不断重复的行动模式逐渐习惯化和客观化，形成了有意义的制度，这些制度的有力支撑就在于人们的共享价值与文化框架。文化-认知合法性强调人们内在的理解过程是由外在的文化框架所塑造的，且"事实上，任何人类制度都是意义的沉淀，或者从另一个角度说，都是意义的结晶化和客观化"（Berger & Kellner，1981）。

在考察公共物品供给中的制度实施情况时，不能忽视制度的文化-认知合法性机制及其外在的文化框架。随着现代化的推进，市场与国家不断介入村庄，"宏大的设计、无限制的社会工程和对自然的总体改变"（斯科特，2012）可能带来村庄传统文化及其共享价值的丧失。这一层面折射出的制度与社会变迁，直接关乎村庄原有制度的合法性问题。笔者的研究论证了，深嵌于村庄已有文化、承载共享价值的制度的重要性。因具备了充分的文化-认知合法性，这样的制度在公共物品供给中获得了最优的实施绩效。

第五章
规范合法性机制
——普遍道德与中国农村公共物品供给

第三章、第四章主要考察和论证了制度合法性机制中的文化-认知要素对人们公共物品供给参与的影响。本章主要考察制度合法性机制中的道德规范要素，重点考察普遍道德对我国农村公共物品供给的影响。

一 公共物品供给困境

究竟是哪些因素影响着公共物品的供给水平？提升中国农村公共物品供给水平的可能路径有哪些？这些是备受国内外学者关注的议题。学术界针对这些问题已开展大量理论探讨与实证研究，但给出的答案与解决对策却不尽相同。其原因除了各个学科的研究范式有所不同，还涉及公共物品供给本身涉及不同层面的问题。就中国农村的公共物品供给情况而言，主要面临两个层面的困境：一是公共物品供给组织者层面的责任困境，即如何激励地方官员或相关组织者积极组织、为地方提供必要与充足的公共物品，并在此过程中克服可能存在的组织者责任不足（如贪腐/中饱私囊）问题；二是公共物品供给一般参与者层面的集体行动困境，即如何动员经济水平有限、生活并不富足的村民积极参与村庄公共物品自我供给的筹资筹劳活动，并在此过程中解决存在于集体行动中的"搭便车"问题（Xu & Yao，2015）。事实上，已有的理论与实证研究，大多在这两个层面讨论公共物品供给问题。

（一）公共物品供给组织者层面的责任困境

治理和国家—社会关系理论，在预设了以政府为公共物品供给主体的基础上，长期致力于解决公共物品供给组织者层面的责任困境问题。它们主要从公共治理的角度发展了三大理论预设。第一，经济因素是公共治理水平的重要影响因素。经济发展带来良好的公共治理，经济富足为政府公共物品供给提供了可能的路径与选择，由此带来更加优质的公共物品与公共服务。在许多国家，甚至通过转移支付等制度设计，增加地方政府的财政收入以激励其提供社会性公共物品。比如 Hindriks 等（2008）的研究发现，经过适当的制度设计，转移支付可以显著增加社会性公共物品。国内学者郭庆旺和贾俊雪（2008）、付文林和沈坤荣（2012）、李涛和周业安（2009）、傅勇（2010）、范子英和张军（2013）以及李永友（2015）、李永友和张子楠（2017）也在关注转移支付制度等经济因素对地方政府的激励及对公共物品供给的影响。第二，正式设计的民主制度可以帮助官员摆脱责任困境，提升公共治理水平，即良好的公共治理，依赖于能发展出一套行之有效的正式民主和科层制度，对官员进行有力监督和制裁（Dahl，1971；O'Donnell，1996；Rose-Ackerman，2005；Seabright，1996）。第三，社会因素也可增进公共治理。市民社会以及社会资本理论认为，特定的志愿组织、兴趣团体以及社会组织活动可以有效促进政府的公共治理，包括其公共物品供给和公共服务（Boix & Posner，1998；Edwards & Foley，1998；Ehrenberg，1999；Putnam，1993）。美国学者 Tsai 发展出"连带团体"（solidary groups）理论，有力解释了在转轨的同一制度环境下，中国农村不同区域为何存在公共物品供给水平差异的问题。她的研究证明了，即使正式的责任制度很薄弱，由"连带团体"所带来的非官方惯例和规则的约束，也能够显著提升地方官员的道德权威，从而有效促使地方官员履行公共责任，为当地提供所需的公共物品（Tsai，2002，2007a，2007b，2011）。在中国农村的具体情境下，社会组织对地方公共治理与公共物品供给有重要的补充作用。早在 20 世纪，学者关于中国宗族的功能性分析就指出，中国农村的宗族组织在正式组织职责缺失之下起到了重要的替代性公共治理功能（林耀华，2000）。而近来的研究在经验上再次佐证了这一观点，如张厚安、肖唐镖等的田野研究发现，中国农村地区的宗族、庙会、老人协会等社会组织，常常也是公共物品供给的"修桥委员会""修路委员会"等，这些非正式组织承担着村庄大量的公共事务；孙秀林和 Tsai 的研究探讨了村庄民主与宗族等社会组织在公共物品供给中的绩效问题。这些研究论证了民主与宗族等因素通过提升地方官员或组织者的道德权威，摆脱其责任困境，有效激励他们为中国农村提供公共物品（张厚安等，2000；肖唐镖，1997；Tsai，2002，2007a，2007b；Peng，2004；彭玉生，2009；孙秀林，2011）。

（二）公共物品供给一般参与者层面的集体行动困境

关于公共物品供给中的集体行动困境，已有研究分别从组织原理、正式/非正式制度以及社会资本角度开展理论与实证研究。奥尔森在《集体行动的逻辑》中，集中讨论了集体行动困境问题，他关注人们在公共物品供给合作中的"搭便车"问题。他认为，每个理性利己的人，都有不劳而获、试图坐享其成的"搭便车"倾向；而且集体行动中的人数越多，其成员"搭便车"的概率越大。由此，奥尔森提出了利用组织原理——小组织规模，以及垂直的组织结构——以解决普遍存在的集体行动中的"搭便车"问题（Olson，1965）。奥斯特罗姆则关注公共资源治理中的集体行动困境，她通过经验研究发展出公共事务的自组织治理理论，并强调经过良好设计的正式制度，可以有效防止集体行动中"搭便车"所带来的公共资源滥用（Ostrom，1990）。帕特南关于意大利南北方政府公共治理绩效不同的研究，发展了社会资本理论，并认为基于信任、稠密的互惠规范与公共参与网络的社会资本，可有效克服集体行动困境，促进人们在集体行动中的公共参与及合作（Putnam，1993，2000）。受奥尔森的集体行动困境理论影响，经济学者在关注集体行动困境时，主要以理性人假设为前提，他们的研究常常用囚徒博弈困境模型来解释与分析理性个体在公共物品供给中的不合作行为（缪勒，2010；Taylor，1976；Coase，1960；布坎南，2009；Olson，1965；Ostrom，1990）。关于中国农村公共物品供给的实证研究，主要在以上理论指导下展开。比如周业安等人开展的一系列实验研究，分别考查了公共物品覆盖人群规模大小、个体投资于公共物品的边际收益、个体的异质性、社会角色、社会偏好、初始禀赋和社会关系等对于公共物品自愿供给以及个体的亲社会行为的影响（周业安、宋紫峰，2008；陈叶烽，2010；陈叶烽等，2011；周业安等，2013；宋紫峰等，2011；Fischbacher et al.，2001；Fischbacher & Gachter，2006，2010；Fischbacher，2007；Burlando & Guala，2005）。除了奥尔森的组织原理理论、奥斯特罗姆的正式制度设计理论以及帕特南的社会资本理论，另有学者论证了非正式制度同样可以有效克服公共物品供给中的集体行动困境。比如一项关于中国村庄公共物品供给的个案研究，揭示了村庄惯例、习俗等非正式制度在克服村民集体行动困境、增进村民参与村庄公共物品供给方面所起到的积极影响（温莹莹，2013）；徐轶青、姚洋对中国 220 个村庄 1986～2005 年的历时性调研数据进行了分析，他们的研究表明，基于宗族组织的非正式制度，可以有效动员村民参与村庄公共物品供给集资，并在很大程度上克服公共物品供给中的集体行动困境（Xu & Yao，2015）。

已有的理论与实证研究，大多针对以上两个层面的困境，探讨公共物品供给问题，或致力于解决组织者的责任困境问题，或聚焦于如何有效克服参与者的集体行动困境。本章将主要关注公共物品供给参与者层面的集体行动困境，并不直接涉及组织者的责任困境问题。具体说来，本章主要关注以下几个问题：一是中国农村公共物品供给的影响因素有哪些？尤其关注在多元影响因素中，一般参与者的集体合作发挥多大的影响效果？二是在组织、制度（正式/非正式制度）、社会（社会资本）因素之外，如何进一步理解人们在公共物品供给中的集体行动？三是在明确以上两个问题的基础上，继续探索中国农村公共物品供给水平的可能路径。

二　普遍道德与公共物品供给集体行动困境

（一）去道德化的集体行动困境研究

公共物品供给常常与集体行动困境联系在一起（Tsai，2007b），这是公共物品属性所致。美国经济学家萨缪尔森将公共物品界定为"每个人的消费不会减少任一其他人对这种物品的消费"（Samuelson，1954）。英国学者丹尼斯·缪勒根据萨缪尔森的定义对公共物品进行了更加详细的界定，"或者，可以把纯粹的公共物品定义为，必须对所有社会成员供给同等数量的物品……几乎所有的公共物品，其供给都需要投入资源、时间或道德约束……一种公共物品，虽然其边际成本是正数，但只要平均成本递减，也就会有供给的连带性因素，引出集体供给的问题"（缪勒，2010）。有学者指出，纯粹公共物品具有两个显著特征：供给的连带性与排他性。一旦它被提供给某些社会成员，将会排除其他人，使其他人无法或者难以对其进行有效的消费（Musgrave，1959；Head，1962）。在经济学中，把对个体超理性的假设作为分析前提（扬，2008）。在缪勒的分析中，正是公共物品的连带性和非排他性的特性，诱发理性个体成员在公共物品供给中的"搭便车"与不合作行为，进而影响公共物品的有效供给。由此，研究者们广泛讨论用囚徒博弈困境模型来解释与分析理性个体在公共物品供给中的不合作行为（缪勒，2010；Taylor，1976；Coase，1960；布坎南，2009；Olson，1965；Ostrom，1990）。其中以奥尔森的集体行动理论为代表，并启发已有关注公共物品供给集体行动困境的研究，以其理论为前提，分别提出以组织原理、制度设计以及社会资本等因素克服公共物品供给中的集体行动困境（参见前文关于公共物品集体行动研究的梳理）。

不过，奥尔森的集体行动理论从经济学角度，以完全理性人假设为前提，存在一些不足。首先，理性人假设假定了公共物品供给集体行动者都是理性自利的个体，这意味着每个个体都会理性算计以达成自我利益最大化的目标，从而产生公共物品集体行动困境。其次，理性人假设也暗含了"低度社会化"的原子化决策倾向（Granovertter，1985）。原子化决策预设了公共物品供给中的所有行动者个体都是孤立存在的，他们将在一种完全缺乏社会关联的状态下进行自主决策。完全理性人假设导致公共物品供给集体行动困境研究的去道德化倾向。理性自利的假设则排除了人们所有的价值动机或伦理道德等非利己因素存在的可能性。因为在此假设下，任何非自利行为都被视为非理性行为，或被"还原"为某种自利行为，这都意味着忽略了道德因素对人类社会行为可能产生的影响（森，2000；汪和建，1999，2005）。然而，"任何合作都有其固有的道德"（涂尔干，2000），"道德生活渗透进了所有能够促进协作产生的关系之中"（涂尔干，2000）。在法国社会学家涂尔干（Émile Durkheim）的诸多作品中随处可见他对经济学"去道德化"的批判，他认为经济学的"去道德化"假设仅仅把研究限定在了经济的形式方面，而忽略了重要的实质方面，"无论如何，形式都不能先于实质，而只能来源于实质，并且表达实质"（涂尔干，2001），并且，他极力强调人类的社会亲和性（如公共物品供给集体行动中的合作关系），绝对不是利己主义的产物，相反，"它是道德进步的自动因素"（涂尔干，2001）。受涂尔干道德视角的启发，笔者认为，公共物品供给中集体行动者之间的关系与行动研究，不应该被全盘去道德化。在经济学的理性人假设之外，应该补充道德视角进一步理解公共物品供给中的集体行动。笔者将回归社会学与文化经济学的普遍道德视角，试图从另一角度理解现实生活中人们何以摆脱集体行动困境，并达成公共物品的有效供给。

（二）重返道德视角：普遍道德（Generalized Morality）

社会科学力图通过研究社会生活本身来为人们的道德实践提供规范基础，此为道德兴趣（Levy-Bruhl，1905；Deploige，1938）。涂尔干终其一生都致力于借助实证科学的方法来研究道德事实，他以浓厚坚定的道德兴趣试图建立一门道德科学，甚至可以说，在他那里，社会学研究的一切都关乎道德，都落脚于道德理想（陈涛，2015）。涂尔干的道德理想即由社会生活中所创造出的普遍道德，他一再强调普遍道德的重要意义，"（社会）集中所带来的精神生活的提升又体现为一系列的理想概念（普遍道德），这些理想概念反映了由此焕发出来的新生活，对应着某些新的精神力量，为我们挑起日常生存的重担增添了勇气"（涂尔干，1999）。与涂尔干对普遍道德的"过度"强调有所不同，格兰诺维特似乎是从否认普遍道德在实践中的有效性开始创建新经济社会学："人们大概不能怀疑某些普遍道德的存在，若没有它，当你购买仅仅 5 元的汽油时，就会担心将一张 20 元的钞票交给加油站服务生。但是这一概念（普遍道德）具有过度社会化的特征，它要求人们做出普遍一致的自动反应，但道德行动在经济生活中很难是自动的或普遍的。"（Granovertter，1985）他对"普遍道德"的"过度社会化"（over-socialized）的批判与经济学理性人假设的"低度社会化"相对应，他强调是社会关系，而非制度安排或普遍道德，为经济生活带来了诚实、社会信任等因素。格兰诺维特的"嵌入性"（embeddedness）理论，实际上强调了在有限群体（limited-group）范围内紧密的社会关系可以解决经济活动中的信任问题，由此保证经济生活中的诚实。一如涂尔干当年对亚当·斯密过度强调理性经济人的反驳，经济学家 Jean-Philippe Platteau 反过来对格兰诺维特过度强调有限社会关系的"嵌入性"理论进行反思，他在 1993 年的作品 Behind the Market Stage Where Real Societies Exist 中深入探讨了市场中的社会力量，并重返涂尔干的道德视角，极力强调"普遍道德"对保障市场经济活动秩序的重要性。他在文中指出，不可否认，基于个人紧密社会关系的"嵌入性"理论，可以通过信誉机制，部分解释现代市场经济秩序问题，但它不能充分解释超越个人紧密社会关系之外、更大范围的市场经济秩序现象。而他这篇文章的主旨，即在部分肯定"嵌入性"理论基础上，继续探讨高度分工之后广泛市场中的经济秩序问题。由此，他提出了适用于超越个人特定社会关系的普遍道德，正是现代高度发展的市场经济秩序的重要保障之一（Platteau，1993）。

基于对格兰诺维特关于经济活动嵌入有限群体中特定社会关系理论的反思，Platteau 在他的著作《制度、社会规范与经济发展》（Institutions, Social Norms and Economic Development）中进一步发展了普遍道德理论。在他看来，"在一个分层的社会中，诚实与利他的伦理行为规范仅仅适用于狭隘的特定社会关系群体中（如家庭或宗族关系群体）。而在这个狭小的社会关系之外，非诚信或高度自私自利的行为被视为理所当然。与此相反，在现代民主社会中，诚实、利他的行为规范适用于任何社会情境，不仅限于亲朋好友等狭小的社会关系圈里"。普遍道德（Generalized Morality）

指称后者，即社会成员所持有的、适用于广泛社会群体——尤其是超越家庭、宗族等狭隘群体——普遍存在的诚信与利他的道德伦理行为规范（Platteau，2000）。以上阐述实际上也暗含着与普遍道德（Generalized Morality）相对应的有限道德（Limited Morality）的概念，即在狭隘特定的社会关系网络内外实施两套完全相反的道德规范。同时，Platteau 认为，在一个成功构建普遍道德的社会里，人们倾向于：第一，在做决定时采纳他人的意见，尤其当他们的决定可能危害到他人利益时；第二，相信他人会与他们一样践行诚信利他的道德行为规范；第三，在遭遇不公经历时，仍然坚守道德规范；第四，如果他们偏离了道德规范会深感愧疚；第五，惩罚"搭便车"者，即便他们自身的利益没有受到直接威胁或损害（Platteau，1993）。这也意味着，普遍道德本身包含克服集体行动困境的要素，可以促进集体行动中的合作。

社会科学中并不缺乏关于普遍道德可以带来更好的集体行动效果的关注与研究（Banfield，1958；Gambetta，1988；Putnam，1993；Fukuyama，1995；Coleman，1990）。在经济学、社会学之间关于低度社会化还是过度社会化、是去道德化还是重返道德的不休争论背景之下，Platteau 关于普遍道德的系统阐述，吸引了不少文化经济学者的关注，他们开始在 Platteau 提供的理论概念框架下，开展大量关于普遍道德的实证研究，但主要聚焦于普遍道德与经济绩效之间关系的研究。已有的研究一致认为，普遍道德可以带来经济绩效，是对经济发展的文化视角阐释（Benner & Putterman，1998；Platteau，2000；Letki，2006；Knack & Keefer，1997；Greif，1993，1994，2006；Tabellini，2008a，2008b，2010；Greif & Tabellini，2017；Alesina & Giuliano，2015；Guiso et al.，2011；James Jr，2015）。他们除了关注普遍道德对经济绩效的积极影响，也延伸讨论普遍道德对正式民主制度的影响，以及由此带来的积极的政治后果，如民主制度的政府绩效与良好治理等（Knack & Keefer，1997；Platteau，2000；Greif & Tabellini，2017），Alesina 与 Giuliano 等学者更是在"文化与制度"的框架下，讨论普遍道德的积极制度后果（Tabellini，2008b；Alesina & Giuliano，2015）。比如 Tabellini 的研究发现，与普遍道德规范一致的价值在非专制政体下更容易扩散至全社会；

同时，普遍道德价值存量高的地方制度运行更为有效，其社会治理与经济发展都将更好（Tabellini，2008b）。在讨论文化中的价值规范如何影响经济与政治绩效时，Tabellini 开宗明义地提出，"在个人激励之外，寻求公共参与/合作的动机原因，其中重要的影响因素之一是道德规范"。更为重要的是，普遍道德规范可以诱导互惠合作，践行普遍道德（区别于有限道德）的个体将更易于在集体行动进行合作，尽力避免与克服"搭便车"行为。这不仅对个体的经济行为（如缴税等）至关重要，而且对个体的投票、政治参与以及其他公共事务的参与同样极具意义（Tabellini，2008a）。

普遍道德对于促进人们在集体行动中克服"搭便车"困境及共同合作具有积极的意义。这给予公共物品供给集体行动困境的研究一定的启发。不过，目前鲜有关于普遍道德与公共物品供给集体行动困境之间关系的直接研究。文化经济学家格雷夫等的一项研究探讨了基于宗族所发展出的有限道德对公共物品供给组织者的激励作用。他们的研究指出，基于氏族成员的认同与忠诚，中国农村宗族内部的合作具有很强的稳定性，宗族内部的道德义务与声望激励在很大程度上克服了集体合作中的不诚信与"搭便车"困境，反而正式制度在其中只扮演有限的角色（Greif & Tabellini，2017）。格雷夫等对此进一步做出了说明，认为一个社会中如果人们的合作仅限于宗族范围之内，培育出的对宗族的忠诚与合作虽然紧密，但范围极其有限；相反，如果合作发生在一个更大范围的异质性的社会与正式制度中，将培育出普遍道德及人们对正式制度与社会互动规范的遵从。换句话说，相对应现代西方社会基于个体主义发展起来的普遍道德，中国农村宗族的存在似乎只能培育出有限道德（Limited Morality）①（Greif & Tabellini，2017）。

基于以上理论与实证研究，本章尝试在以下几个方面进行突破与创新。第一，笔者运用普遍道德理论，试图从新的角度研究中国农村公共物品供给的影响因素。已有研究关注公共物品供给组织者层面的道德水平问题（Tsai，2007a，2007b），关注公共物品组织者/地方官员的道德权威问

---

① 其忠诚、合作、诚信与利他的行为只发生在有限的宗族范围，在超越宗族范围时，这些道德规范将会失效。

题，而本章主要关注公共物品供给一般参与者的普遍道德水平是否影响公共物品供给。同时，有别于西方学者所认为的影响中国农村公共物品供给主要因素在于基于宗族因素的有限道德（Greif & Tabellini，2017），本章试图论证普遍道德或更为重要的影响因素。第二，有别于已有研究关注普遍道德的经济与政治后果（如国家经济发展与民主政治实施情况），本章将集中关注普遍道德对中国农村公共物品供给的影响。第三，已有研究大多将普遍道德作为自变量，考察其对政治制度与经济发展的影响，而本章进一步以普遍道德为因变量，考察普遍道德的多元影响因素，探讨培育普遍道德可能路径。由此，本章提出的主要预设是：在经济水平与政府投入有限的中国农村地区，一般参与者的集体合作是公共物品有效供给的重要影响因素；普遍道德为我们提供了理解人们何以克服集体行动困境的另一种阐释；提升人们的普遍道德水平是增进中国农村公共物品供给的有效路径之一。本章更多关注公共物品参与者的普遍道德水平，这是在已有的理论预设之外，进一步探索如何克服人们在公共物品供给中的集体行动困境（见图5-1）。鉴于道德水平的重要意义，本章将进一步探讨提升人们普遍道德水平的可能途径。

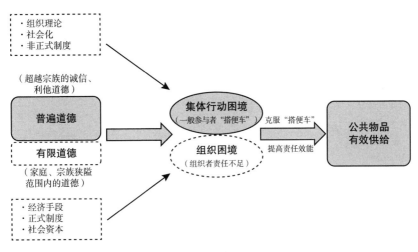

图 5-1 普遍道德与公共物品有效供给

注：图中虚线部分为传统研究公共物品有效供给视角，实线部分为本章理论分析框架。

三　实证分析：普遍道德与中国农村公共物品供给

本章将使用定量数据，考察中国农村公共物品供给的影响因素。本章使用的数据为"2005 年全国城乡居民生活综合研究（CGSS 2005）"① 中的农村问卷数据。CGSS 是在全国范围内开展的一项随机抽样调查。CGSS 2005 的数据调查于 2005 年进行，其数据格式为横截面（Cross-section）数据，样本分布涉及全国 24 个省（区、市），数据样本包含 401 个村庄与 4274 户农户。遍及全国的定量数据，为本章在村级数据与农户数据两个层面分别探讨中国农村公共物品供给的影响因素提供了可能。笔者将运用 401 个的村级数据探讨普遍道德与中国农村公共物品供给之间的关系。村级问卷涉及的问题繁多，笔者通过表 5-1 来呈现与本章相关的重要变量的统计结果。

表 5-1　2004 年村庄各项收入、开支及其占比等变量的描述性统计

变量	N	最小值	最大值	合计	均值	标准差	方差
2004 年村庄收入							
村人均年总收入(元)	390	50	7400	740701	1899.23	1242.456	1543697.38
村总收入(万元)	379	0	17360	140681	371.19	1522.178	2317026.85
村全年税费改革转移支付收入(万元)	358	0	440	3252	9.08	28.517	813.225
村全年专项转移支付收入(万元)	351	0	420	2223	6.33	35.920	1290.229
"一事一议"筹资收入(万元)	379	0	400	2842	7.50	28.624	819.346
"一事一议"筹劳折款(万元)	379	0	8000	9312	24.57	411.053	168964.219
村捐赠收入(万元)	386	0	1800	5286	13.69	105.689	11170.135

---

① 关于此数据的详细说明，参见 http://www.cnsda.org/index.php?r=projects/view&id=19389978。

续表

变量	N	最小值	最大值	合计	均值	标准差	方差
2004 年村庄各项收入占比							
税费改革转移支付占比(%)	331	0.00	1.28	48.00	0.1450	0.28065	0.079
专项转移支付占比(%)	327	0.00	1.00	15.30	0.0468	0.16141	0.026
"一事一议"筹资筹劳占比(%)	350	0.00	2.00	33.77	0.0965	0.24345	0.059
捐赠占比(%)	361	0.00	3.75	26.87	0.0744	0.29559	0.087
2004 年村庄各项支出							
村庄全年总支出(千元)	374	0	13460	62320	166.63	778.682	606345.515
村庄公共物品供给开支(千元)	378	0	2718	24833	65.70	208.170	43334.764
村庄公共物品供给开支占比(%)	360	0.00	1.13	115.12	0.3198	0.33031	0.109

注：表中各项收入与支出均为 2004 年村庄财政收入与支出，其中村人均年总收入为"元"，其他各项收入的单位为"万元"，支出的单位为"千元"；"收入占比"指"捐赠收入""专项转移支付收入"等各项收入占 2004 年村庄财政总收入的百分比；"支出占比"指 2004 年村庄公共物品供给开支占村庄全年总支出的百分比。

Tabellini 在讨论文化中的价值规范如何影响经济与政治绩效中，开宗明义地提出，"在个人激励之外，寻求公共参与／合作的动机原因，其中重要的影响因素之一是道德规范"（Tabellini，2008a）。他在区分了普遍道德与有限道德之后，运用世界价值观调查（World Value Surveys，WVS）的数据，对普遍道德进行操作化测量，主要运用了"普遍信任"与"普遍尊重他人权利"两项指标（Tabellini，2008a，2010）。他这一关于普遍道德的操作化测量，成为其他有关普遍道德实证研究的重要参考。但事实上，当我们回到 Platteau 关于普遍道德的阐述与界定会发现，普遍道德意指社会成员所持有的、适用于广泛社会群体的——尤其是超越家庭、宗族等狭隘群体——普遍存在的诚信与利他的道德伦理行为规范（Platteau，2000）。同时，在一个成功构建普遍道德的社会里，人们的五个倾向性行为（参见前文表述，转引自 Platteau，1993）直接指明具备普遍道德高存量的社会/社区，人们对公共事务的关注及公共参与程度更高，社会中的利他行为也更为普遍；Tabellini 的研究也表明，具备普遍道德的个体在公共物品供给中倾向于合作，而非"搭便车"（参见前文，引自 Tabellini，2008a）。总而言之，普遍道德的一个组成部分是诚信，而另一重要组成部分是利他行为（而非利己与"搭便车"）。由此可知，文化经济学已有研究关于普遍道德的操作化测量仍未达成一致意见，或者选择其诚信意涵进行操作化，如一些学者运用"普遍信任"进行测量（Knack ＆ Keefer，1997；Tabellini，2008a，2010），或者选择其利他行为意涵进行操作化测量，如 Guiso、Sapienza 与 Zingales 等学者在一项研究中，将利他行为操作化为一个地区/社会中"人们的捐献/捐资行为"或"非营利机构数量"等测量指标。在本章中，笔者借鉴 Platteau 和 Guiso 等学者的做法，考察以利他行为为特质的普遍道德。具体做法是，将中国农村中的普遍道德存量操作化为"村庄财政收入中的捐赠收入"，即村庄财政收入中由村民捐赠所得的收入。

这部分的分析以"普遍道德"为主要预测变量，运用 CGSS 2005 村级数据，考察中国农村公共物品供给的影响因素。首先，通过因子分析的主成分分析法对村庄的 17 项开支进行降维分析，总共提取了 6 个因子，因子分析主要区分了村庄公共物品开支与其他开支，笔者将其命名为"村庄公共物品开支因子"、"村干部工资开支因子"、"村庄经营管理开支因子"、"村社保福利开支因子"、"村教师工资因子"以及"其他开支因子"（见表 5-2）。

表 5-2　2004 年村庄财政开支因子分析

项目	村庄公共物品开支因子	村干部工资开支因子	村庄经营管理开支因子	村社保福利开支因子	村教师工资因子	其他开支因子	共量
2004 年村专职干部工资补贴	-0.007	**0.771**	0.146	-0.022	-0.035	-0.050	0.620
2004 年队组干部工资补贴	0.020	**0.651**	0.155	-0.186	0.196	0.047	0.523
2004 年教师工资补贴（村负担）	0.033	0.037	-0.053	-0.040	**0.823**	-0.035	0.686

项目	村庄公共物品开支因子	村干部工资开支因子	村庄经营管理开支因子	村社保福利开支因子	村教师工资因子	其他开支因子	共量
2004 年社会福利和保障支出	0.078	0.370	0.110	**0.533**	0.378	0.051	0.584
2004 年日常办公开支	0.016	-0.102	0.328	-0.017	0.267	-0.210	0.234
2004 年村公共建设开支	**0.954**	0.129	-0.026	0.043	0.043	0.064	0.934
2004 年公共建设中修建学校	**0.672**	0.000	-0.049	-0.108	0.257	0.254	0.597
2004 年公共建设中修路架桥	**0.523**	0.347	-0.058	-0.093	-0.188	-0.195	0.479
2004 年农田水利	**0.562**	0.041	0.083	0.109	-0.095	-0.080	0.352
2004 年医疗、饮水	**0.800**	-0.056	0.022	0.050	0.029	-0.054	0.650
2004 年通信电力	-0.020	-0.130	-0.011	**0.675**	0.043	-0.146	0.496
2004 年办公设施	**0.840**	-0.044	0.022	0.005	0.042	0.015	0.710
2004 年其他公共建设支出	0.046	0.052	0.016	**0.526**	-0.140	0.125	0.317
2004 年村统一经营支出	0.024	0.184	**0.725**	-0.012	-0.167	-0.097	0.598
2004 年管理费支出	0.011	0.094	**0.791**	0.070	0.068	0.188	0.679
2004 年招待及应酬费	0.091	**0.701**	-0.070	0.273	-0.100	0.035	0.590
2004 年其他支出	-0.008	-0.015	0.016	0.012	-0.052	**0.891**	0.797
特征值	3.428	1.996	1.156	1.146	1.080	1.040	
解释方差(%)	19.502	10.967	7.847	6.877	6.551	6.150	57.922

村庄公共物品开支因子，主要包含村公共建设开支、修建学校、修路架桥、农田水利、医疗、饮水以及办公设施等多项村庄公共物品开支。这里通过因子分析提取的村庄公共物品开支因子将作为本章考察的主要因变量。

其次，笔者将运用回归分析考察中国农村公共物品供给的主要影响因素。如前文所指出的，回归分析模型的主要因变量是村庄公共物品开支；主要的预测变量是村庄的普遍道德存量，运用村级数据，笔者对村庄普遍道德存量的考察与具体操作化为"村庄捐赠收入"。村庄捐赠收入的多少，反映了村庄中以利他行为为主要特质的普遍道德存量的高低。同时，在回归模型中，笔者也加入村庄人口、村庄行政面积、村庄人均收入、村庄财政总收入以及村庄第一大姓比例等变量作为控制变量。回归分析的主要结果如表 5-3 所示。

表 5-3　普遍道德对村庄公共物品供给影响的多元线性回归分析
（收入支出等为绝对值）

预测变量	回归系数	标准回归系数	sig.（显著性水平）
村民小组数量	0.008	0.103	0.049 *
自然村数量	-0.002	-0.027	0.588
村庄总户数	0.000	-0.087	0.618
村庄总人口数量	0.000	-0.003	0.986
村庄劳动人口总数	0.000	-0.010	0.863
村庄离县城多少公里	-0.001	-0.034	0.522
村庄离乡镇政府多少公里	-0.005	-0.051	0.369
村庄离最近的集市多少公里	0.002	0.036	0.500
村庄第一大姓氏比例	0.000	0.005	0.920
村庄行政面积	0.001	0.041	0.444
村庄耕地面积	1.328E-06	0.007	0.906
村庄人均收入	3.00E-05	0.067	0.218
村庄捐赠收入	0.006	0.521	0.000 ***
村庄财政总收入	0.000	0.207	0.011 *
村庄农业税费与转移支付收入##	0.063	0.031	0.688
村专项转移与农业经营收入##	0.143	0.284	0.004 **
村"一事一议"筹资筹劳收入##	-0.019	-0.038	0.437
村出卖土地资产收入##	-0.020	-0.040	0.491
N		401	
R		0.722	
R²		0.484	
sig.		0.000	
F		14.134	

注：# $p<0.1$，* $p<0.05$，** $p<0.01$，*** $p<0.001$；##通过对村庄 12 项收入进行因子分析后提取 4 个收入因子。因子分析方法同 "村财政开支因子分析" 一致（见表 5-2）。因正文内容有限，相关因子分析模型在此略去不进行展示，感兴趣的读者请与笔者联系。下同。

表 5-3 多元线性回归分析中，笔者以村庄公共物品开支为因变量，以普遍道德（村庄捐赠收入）为主要考核的预测变量，并加入村庄特征、村庄收入等多项控制变量后，回归分析的初步结果表明 "村民小组数量"、"村庄捐赠收入"、"村庄财政总收入" 以及 "村专项转移与农业经营收入"

等几项自变量对村庄公共物品供给具有显著影响。不过，为了克服自变量之间可能存在的多重共线性或内生性问题，笔者继续运用多元逐步回归分析进一步对以上分析结果进行论证（见表5-4）。

表5-4　普遍道德对村庄公共物品供给影响的多元逐步回归分析
（收入支出等为绝对值）

预测变量	非标准回归系数	标准回归系数	sig.（显著性水平）
1.（常量）	−0.050		0.050*
村庄捐赠收入	0.353	0.657	0.000***
2.（常量）	−0.050		0.024*
村庄捐赠收入	0.352	0.656	0.000***
村专项转移与农业经营收入	0.192	0.381	0.000***
3.（常量）	−0.089		0.000***
村庄捐赠收入	**0.328**	**0.611**	**0.000*****
村专项转移与农业经营收入	**0.136**	**0.269**	**0.000*****
村庄财政总收入	**0.000**	**0.200**	**0.000*****
N		**401**	
R		**0.776**	
R²		**0.602**	
sig.		**0.000**	
F		**126.286**	

注：# $p < 0.1$，* $p < 0.05$，** $p < 0.01$，*** $p < 0.001$；多元逐步回归分析采用表5-3的自变量与因变量进行分析，在剔除了村庄特征等其他不显著的自变量之后，剩下"村庄捐赠收入"等对因变量具有显著影响的三个自变量进入回归模型。因篇幅有限，笔者这里也只保留与报告三个进入模型的变量情况。

在各项自变量与因变量不变的情况下，笔者通过多元逐步回归分析得到表5-4的结果。在克服自变量之间的多重共线性之后，最终得到"村庄捐赠收入"、"村庄专项转移支付与农业经营收入"与"村庄财政总收入"三个自变量对村庄公共物品供给存在显著的积极影响。不过，在表5-3与5-4中，笔者所选取自变量与因变量中所涉及的村庄收入与支出等项目均为绝对值。虽然对其进行了因子分析，但还是很难完全克服因绝对值带来的异常值驱动的可能性。为了解决这一问题，笔者将进一步论证"村庄捐赠收入"（普遍道德）对村庄公共物品供给的积极影响，具体做法是将自变量与因变量涉及的各项收入与支出绝对值替换为相对值（即其在总收入/总支出中的占比）（见表5-5）。

表 5-5　捐赠收入占比（普遍道德）对村庄公共物品占比影响的
多元线性回归与多元逐步回归模型

预测变量	多元线性回归模型			多元逐步回归模型		
	回归系数	标准回归系数	sig.（显著性水平）	回归系数	标准回归系数	sig.（显著性水平）
村民小组数量	0.003	0.063	0.339	—	—	—
自然村数量	−0.002	−0.043	0.477	—	—	—
村庄总户数	0.000	−0.002	0.985	—	—	—
村庄总人口数量	1.389E−006	0.007	0.942	—	—	—
村庄离县城多少公里	−0.002	−0.102	0.114	**−0.002**	**−0.118**	**0.038 ***
村庄离乡镇政府多少公里	−0.004	−0.070	0.297	—	—	—
村庄离最近的集市多少公里	0.002	0.043	0.489	—	—	—
村庄第一大姓氏比例	0.001	0.042	0.472	—	—	—
村庄行政面积	0.000	0.035	0.549	—	—	—
村庄耕地面积	0.000	−0.079	0.198	—	—	—
村庄财政总收入	**3.518E−05**	**0.176**	**0.004 ****	**3.548E−05**	**0.177**	**0.002 ****
村庄捐赠收入占比##	**0.365**	**0.213**	**0.000 *****	**0.372**	**0.217**	**0.000 *****
村庄农业税费与转移支付收入占比##	−0.078	−0.066	0.265	—	—	—
村专项转移与农业经营收入占比##	0.029	0.014	0.803	—	—	—
村"一事一议"筹资筹劳收入占比##	**0.280**	**0.206**	**0.000 *****	**0.276**	**0.204**	**0.000 *****
N		401			401	
R		0.385			0.352	
*R*²		0.101			0.111	
sig.		0.000			0.000	
F		3.141			9.942	

注：# $p<0.1$，* $p<0.05$，** $p<0.01$，*** $p<0.001$；##自变量中的各项占比，都是指各项收入占村庄财政总收入的比例。因变量为"村庄公共物品开支在村庄财政总支出中的占比"。"—"为在多元逐步回归中被剔除的变量。

CGSS 2005 村级数据，包含全国随机抽样的 401 个行政村庄，本书表 5-3 到表 5-5 对此数据进行了回归分析，主要考察了中国农村的普遍道德存量对村庄公共物品供给的影响情况。笔者通过多元线性回归分析与多元逐步回归分析主要考察村庄捐赠收入（占比）对村庄公共物品开支（占比）的影响。表 5-3、表 5-4 与表 5-5 的多元线性回归模型与多元逐步回归模型，充分论证了在控制了村庄特征、村庄收入等多项变量之后，笔者所考察的主要预测变量"村庄捐赠收入"对村庄公共物品供给具有显著的积极影响。在进入回归模型的 18 个自变量中，只有"村庄捐赠收入"、"村庄财政总收入"以及"村'一事一议'筹资筹劳收入"对村庄公共物品供给具有显著影响。而村庄人口、面积等村庄特征，村庄宗族（村庄第一大姓氏比例）以及"村农业税费与转移支付收入"等对村庄公共物品供给均无显著影响。根据以上回归分析结果，通过与已有研究对比，笔者有如下主要发现。

第一，经济因素对中国农村公共物品供给的积极影响较为复杂。通过以上回归模型，我们看到村庄财政总收入对村庄公共物品供给的影响具有显著性。但村庄大部分其他具体财政收入对村庄公共物品供给的影响没有显著性。与已有研究不同，本章发现转移支付制度对中国农村公共物品供给的影响十分有限。2004 年，分税制改革之后已经开始实施以中央对农村公共物品供给为主的转移支付财政反哺措施，但效果并不显著（李永友、张子楠，2017）。回归模型结果也印证了这一点，至少根据 2004 年的全国性农村数据，村庄的农业税费与转移支付收入对村庄公共物品供给没有显著影响。在表 5-3 中，专项转移支付的绝对值具有显著影响，但在表 5-5 中，转化为占比相对值之后，专项转移支付的显著影响就消失了。

第二，宗族组织对中国农村公共物品供给没有显著影响，即由宗族因素培育出的有限道德并非中国农村公共物品供给的主要影响因素。许多研究论证过村庄宗族对公共物品供给的有效影响（张厚安等，2000；肖唐镖，1997；Tsai，2002，2007a，2007b；Peng，2004；彭玉生，2009；孙秀林，2011）。格雷夫等人的研究从有限道德的角度理解宗族因素对中国农村公共物品供给中集体合作的积极影响（Greif & Tabellini，2017）。然而，数据分析显示，中国农村的宗族及其有限道德因素不在村庄公共物品供给中发挥最重要／全部的作用，当村庄普遍道德（村庄捐赠收入）一起加入回归模型时，普遍道德对中国农村公共物品供给的效用真正凸显出来。换句话说，宗族组织对公共物品供给的影响没有显著性，反而从另一个方面论证了，中国农村公共物品供给的积极影响因素，并非完全是西方学者所认为的有限道德，而是更为重要的本章所考察的普遍道德。

第三，普遍道德对中国农村公共物品供给具有显著的积极影响。从表5-4与表5-5可以看到，对村庄公共物品供给有显著影响的几项变量中，笔者的主要预测变量"村庄捐赠收入"对村庄公共物品供给的影响最大，其显著性水平与标准回归系数最高（村庄捐赠收入绝对值 sig. = 0.000；B = 0.611；村庄捐赠收入占比相对值 sig. = 0.000；B = 0.217）；其次具有较高显著性水平的预测变量是村"一事一议"筹资筹劳收入（村"一事一议"筹资筹劳收入占比相对值 sig. = 0.000；B = 0.204）。验证了本章的主要预设：在经济水平与政府投入有限的中国农村地区，一般参与者的集体合作（村民的捐赠收入与村"一事一议"筹资筹劳收入）是公共物品有效供给的重要影响因素，其中普遍道德是中国农村公共物品供给的重要影响因素；普遍道德（捐资中所体现的利他精神正是普遍道德的主要内涵）为我们提供了理解人们何以克服集体行动困境的另一种阐释。由此说明，在中国农村公共物品供给中，不仅组织者／地方官员的道德权威是重要影响因素，一般参与者的普遍道德水平也是不可忽略的重要影响因素。提升人们的普遍道德水平是增进中国农村公共物品供给的有效路径之一。

四 培育普遍道德：公共参与

以上通过对 CGSS 2005 村级数据的统计分析，论证了中国农村社区的普遍道德存量对村庄公共物品供给的显著有效影响。普遍道德对村庄公共物品供给的重要性，促使本章继续探索培育普遍道德的可能路径。村庄捐赠收入主要反映中国农村社区整体的普遍道德存量情况，但考察普遍道德的培育路径需要落脚于具体个体。由此，本书运用 CGSS 2005 的农户数据进行探索。

"2005 年全国城乡居民生活综合研究（CGSS 2005）"以户为单位，对全国城乡居民开展入户问卷调查。居民问卷数据样本量总共 10372 份，笔者从中分离出农户问卷数据，共 4274 份。

对农户个体的普遍道德水平，笔者仍然借鉴 Platteau 和 Guiso 等学者的做法，考察以利他行为为特质的普遍道德，其中包括人们的"捐赠行为"以及"互助行为"。根据 CGSS 2005 的农户问卷及其数据，将其具体操作化为"在工作以外是否参与社团组织的公益/义务活动（如捐赠、扶贫、社会救济等，从没有、一年几次、一月一次、一周一次到一周几次，分别赋值1~5，程度递增）"、"在所参与社团组织的公益/义务活动中有无互助行为（从没有到很多分为 5 个等级，分别赋值 1~5）"以及"在日常生活中，您与您的邻居、街坊、同村其他居民之间有互助行为吗？"（参见 CGSS 2005居民问卷及其农户数据）三个变量。以此作为回归分析考察的因变量。笔者考察的预测变量包含农户的性别、年龄、受教育程度、个人收入等个体特征，也包含村庄宗族组织、民主选举等社会结构与制度特征，以此探索培育个体普遍道德的可能路径。多元线性回归分析与多元逐步回归分析结果如表 5-6、表 5-7 与表 5-8 所示。

表 5-6　公益/捐赠普遍道德的影响因素多元线性与多元逐步回归分析

预测变量	多元线性回归模型			多元逐步回归模型		
	回归系数	标准回归系数	sig.（显著性水平）	回归系数	标准回归系数	sig.（显著性水平）
性别[a]	0.016	0.007	0.919	—	—	—
年龄	**-0.010**	**-0.126**	**0.047** *	—	—	—
受教育程度	0.001	0.002	0.972	—	—	—
个人收入	0.000	-0.135	0.118	—	—	—
家庭收入	**2.398E-005**	**0.230**	**0.005** **	1.564E-05	0.150	0.023 *
所在村庄有无村委会民主选举	0.061	0.016	0.801	—	—	—
是否参与上一次村委会选举投票[b]	**0.183**	**0.130**	**0.039** *	—	—	—
所在村庄有无"一事一议"制度	-0.150	-0.066	0.313			

续表

预测变量	多元线性回归模型			多元逐步回归模型		
	回归系数	标准回归系数	sig.（显著性水平）	回归系数	标准回归系数	sig.（显著性水平）
村有无宗族网络组织	0.324	0.132	0.052	—	—	—
有无社区组织文化活动	0.257	0.132	0.061	—	—	—
宗族共享公共物品因子[c]	−0.193	−0.174	0.022 *	—	—	—
社团参与因子[d]	−0.357	−0.535	0.000 ***	−0.342	−0.513	0.000 ***
亲缘信任因子[e]	−0.170	−2.522	0.013 *	−0.143	−0.130	0.037 *
社团信任因子[e]	−0.088	−0.077	0.237	—	—	—
业缘信任因子[e]	0.099	0.086	0.183	—	—	—
N	4274			4274		
R	0.665			0.599		
R^2	0.442			0.359		
sig.	0.000			0.000		
F	8.279			31.567		

注：# $p<0.1$，* $p<0.05$，** $p<0.01$，*** $p<0.001$；a 女性为参考变量，男 = 1，女 = 0；b 未参与投票为参考变量，参与 = 1，未参与 = 0；c 根据 CGSS 2005 居民问卷及其农户数据对"宗族共享的物资等 6 项公共物品"进行因子分析后提取所得一项"宗族共享公共物品因子"；同理 d、e 分别根据 CGSS 2005 居民问卷及其农户数据相关数据进行因子分析，提取一个"社团参与因子"以及 3 个社会信任因子。因变量为"在工作以外是否参与社团组织的公益/义务活动（如捐赠、扶贫、社会救济等，从没有、一年几次、一月一次、一周一次到一周几次，分别赋值 1~5，程度递增）"。"—"为在多元逐步回归中被剔除的变量。

通过表 5-6，我们可以得出如下结论。第一，家庭收入影响公益/捐赠普遍道德，两者之间呈正相关关系。第二，社团参与因子与公益/捐赠普遍道德负相关，因为问卷原题的社团参与程度从高到低赋值为 1~5，因子分析用了原来的程度。而因变量在加入回归模型前做了调整，将原有赋值从高到低改成从低到高。也就是说，社团参与对公益/捐赠普遍道德的影响呈正相关。第三，亲缘信任因子与公益/捐赠普遍道德负相关，因为亲缘信任因子包含对街坊邻居、同村其他人以及亲戚等亲近人的信任，是与普遍信任相对的有限信任部分，因此可能与有限道德成正比，而与普遍道德成反比。

表 5-7　公益/捐赠中的互助行为普遍道德的影响因素多元线性
与多元逐步回归分析

预测变量	多元线性回归模型			多元逐步回归模型		
	回归系数	标准回归系数	sig.（显著性水平）	回归系数	标准回归系数	sig.（显著性水平）
性别[a]	−0.603	−0.361	0.142	**−0.898**	**−0.496**	**0.002**[**]
年龄	−0.010	−0.187	0.332	—	—	—
受教育程度	−0.013	−0.094	0.640	—	—	—
个人收入	0.000	−0.214	0.482	—	—	—
家庭收入	1.628E−005	0.309	0.247	—	—	—
所在村庄有无村委会民主选举	**−1.780**	**−0.454**	**0.066**[#]	—	—	—
是否参与上一次村委会选举投票[b]	−0.146	−0.143	0.489	—	—	—
所在村庄有无"一事一议"制度	−0.406	−0.279	0.146	—	—	—
村庄有无宗族网络组织	−0.162	−0.113	0.536	—	—	—
有无社区组织文化活动	0.257	0.257	0.184	**0.304**	**0.304**	**0.036**[*]
宗族共享公共物品因子[c]	0.050	0.062	0.745	—	—	—
社团参与因子[d]	**−0.169**	**−0.595**	**0.010**[**]	**−0.141**	**−0.496**	**0.002**[***]
亲缘信任因子[e]	0.179	0.248	0.249	—	—	—
社团信任因子[e]	0.151	0.150	0.398	—	—	—
业缘信任因子[e]	−0.036	−0.047	0.828	—	—	—
N	**4274**			**4274**		
R	**0.891**			**0.751**		
R^2	**0.794**			**0.563**		
sig.	**0.017**			**0.000**		
F	**3.345**			**10.755**		

注：# $p<0.1$，* $p<0.05$，** $p<0.01$，*** $p<0.001$；a 女性为参考变量，男 =1，女 =0；b 未参与投票为参考变量，参与 =1，未参与 =0；c 根据 CGSS 2005 居民问卷及其农户数据对"宗族共享的物资等 6 项公共物品"进行因子分析后提取所得一项"宗族共享公共物品因子"；同理 d、e 分别根据 CGSS 2005 居民问卷及其农户数据相关数据进行因子分析，提取一个"社团参与因子"以及 3 个社会信任因子。因变量：在所参与社团组织的公益/义务活动（如捐赠、扶贫、社会救济等）中有无互助行为（从没有到很多分为 5 个等级，分别赋值 1~5，程度递增）。"—"为在多元逐步回归中被剔除的变量。

表 5-7 结果表明：第一，性别负相关，女性为参考变量，女性互助行为高于男性；第二，社区文化活动参与为正相关，社区组织的文化活动越多，人们的公共参与越多，越可能有公益与捐赠活动中的互助行为，进而促进普遍道德；第三，社团参与因子为负相关，因为问卷原题的社团参与程度为从高到低赋值为 1~5，因子分析用了原来的程度，而因变量原有赋值为从低到高。也就是说，社团参与对公益/捐赠中互助行为的普遍道德的影响呈正相关。

表 5-8 邻里互助普遍道德的影响因素多元线性与多元逐步回归分析

预测变量	多元线性回归模型			多元逐步回归模型		
	回归系数	标准回归系数	sig.（显著性水平）	回归系数	标准回归系数	sig.（显著性水平）
性别[a]	0.250	0.122	0.131	—	—	—
年龄	−0.003	−0.037	0.624	—	—	—
受教育程度	0.013	0.055	0.511	—	—	—
个人收入	**0.000**	**−0.174**	**0.090#**	—	—	—
家庭收入	5.783E−006	0.061	0.525	—	—	—
所在村庄有无村委会民主选举	−0.287	−0.085	0.266	—	—	—
是否参与上一次村委会选举投票[b]	**0.250**	**0.198**	**0.008****	0.234	0.185	0.010**
所在村庄有无"一事一议"制度	0.124	0.060	0.434	—	—	—
村庄有无宗族网络组织	0.175	0.079	0.322	—	—	—
有无社区组织文化活动	0.048	0.027	0.744	—	—	—
宗族共享公共物品因子[c]	**0.163**	**0.164**	**0.068#**	0.216	0.216	0.003**
社团参与因子[d]	−0.021	−0.035	0.670	—	—	—
亲缘信任因子[e]	**0.223**	**0.225**	**0.002****	—	—	—
社团信任因子[e]	**0.219**	**0.212**	**0.006****	0.262	0.253	0.001***
业缘信任因子[e]	−0.031	−0.030	0.698	**0.198**	**0.200**	**0.005****
N	4274			4274		
R	0.465			0.404		

续表

预测变量	多元线性回归模型			多元逐步回归模型		
	回归系数	标准回归系数	sig.（显著性水平）	回归系数	标准回归系数	sig.（显著性水平）
R^2		0.216			0.143	
sig.		0.000			0.000	
F		2.886			8.200	

注：# $p<0.1$，* $p<0.05$，** $p<0.01$，*** $p<0.001$；a 女性为参考变量，男 = 1，女 = 0；b 未参与投票为参考变量，参与 = 1，未参与 = 0；c 根据 CGSS 2005 居民问卷及其农户数据对"宗族共享的物资等 6 项公共物品"进行因子分析后提取所得一项"宗族共享公共物品因子"；同理 d、e 分别根据 CGSS 2005 居民问卷及其农户数据相关数据进行因子分析，提取一个"社团参与因子"以及 3 个社会信任因子。因变量：在日常生活中邻里互助情况，从没有到很多赋值 1~5。"—"为在多元逐步回归中被剔除的变量。

在对农户数据的分析中（表 5-5 至表 5-8），笔者仍以利他主义特质考察普遍道德，为了尽可能表达普遍道德的意义，笔者采用了人们的捐赠行为、捐赠中的互助行为以及邻里互助三个指标作为普遍道德的代量。笔者分别以这三个指标为因变量，通过多元线性与多元回归分析考察培育普遍道德的可能路径。表 5-6 至表 5-8 的回归分析结果表明，在所有 15 项预测变量中，有几项自变量对因变量的影响具有显著性，即"家庭收入"、"是否参与上一次村委会选举投票"、"宗族共享公共物品因子"、"社团参与因子"、"有无社区组织文化活动"以及"亲缘信任因子"、"业缘信任因子"和"社团信任因子"对村民的互助行为具有显著的积极影响。而其他自变量，如年龄、受教育程度等个体特征以及"一事一议"制度和宗族网络组织等结构与制度特征，对培育个体普遍道德并无显著影响。进一步而言，本章关于普遍道德影响因素的回归分析结果给我们以下几点启示。

第一，民主制度对普遍道德没有直接的显著影响。如前文所述，文化经济学中关于普遍道德的实证研究，大部分将普遍道德作为预测变量，考察普遍道德的政治与经济后果，如普遍道德水平对民主制度绩效与经济发展的积极影响（Benner & Putterman，1998；Platteau，2000；Letki，2006；Knack &

Keefer，1997；Greif，1993，1994，2006；Tabellini，2008a，2010；Greif & Tabellini，2017；Alesina & Giuliano，2015；Guiso et al.，2011；James Jr，2015）。而以普遍道德为因变量的实证研究及数据分析发现，村庄民主选举制度对普遍道德并无直接显著的影响。不过，这并不排除政治与经济发展情况以其他方式间接地影响着普遍道德。

第二，经济因素与社会信任对普遍道德具有显著影响。进一步分析对普遍道德具有显著影响的几项主要变量，笔者发现经济因素与社会信任的影响：一是经济水平，即人们的收入水平越高，越有可能践行利他行为，经济水平影响着普遍道德水平及其践行情况；二是社会信任，即包含业缘信任与社团信任的社会信任因素，与人们的普遍道德水平成显著正相关。已有研究在关注普遍道德对促进集体行动中的合作时，也关注普遍信任是否具备同样的积极效果（Banfield，1958；Gambetta，1988；Putnam，1993；Fukuyama，1995；Coleman，1990）。同时，许多已有研究表明，普遍信任与普遍道德不仅具有同等的文化价值意义，而且两者之间具有千丝万缕的关系。Platteau 在最初讨论普遍道德时，就提及普遍道德包含普遍信任的要素，这被科尔曼视为社会资本的内容之一（Platteau，1993）；Knack 与 Letki 等主要运用社会信任对普遍道德进行操作化测量（Knack & Keefer，1997；Letki，2006）；同样，Tabellini 将普遍道德操作化为普遍信任等指标，而他这一做法被后续的研究广为效仿与借鉴（Tabellini，2008a，2010）。James Jr 在最新的一项关于普遍道德、制度与经济增长的研究中，将普遍道德直接类比为普遍信任，"普遍道德因此被类比为普遍信任，正如个体有限道德被类比为特殊信任一样"（James Jr，2015）。由此，社会信任对普遍道德的积极影响并不令人感到意外，两者可能在文化、价值内涵方面大量相互交叠。

第三，公共参与是普遍道德最重要的影响因素，扩大人们的公共参与渠道是培育普遍道德的有效路径。数据分析发现，村庄民主选举制度与宗族网络组织对普遍道德不具有直接影响，但村民是否参与村庄民主选举投票、是否参与社团组织、是否参与社区文化活动以及是否参与宗族公共事务（如对共享公共物品的管理参与）等公共参与对普遍道德的培育却至关重要。已有研究只在结构与制度层面关注民主制度对普遍道德的可能影响，如

Alesina 与 Giuliano 在新近的研究中，在理论上讨论了民主制度可能对普遍道德具有积极意义。他们认为，"与普遍道德规范一致的文化价值在非专制政治体制下更容易弥散至全社会"（Alesina & Giuliano，2015）。而笔者的实证研究说明，有无民主制度的设计及其存在，并不直接影响普遍道德，只有真正运行并包含大部分社会成员广泛参与的民主制度，才可能对普遍道德的培育及其弥散具有意义。由此，重要的不是民主制度本身，而是民主制度为个体提供了可以进行实质公共参与的途径与渠道。同样，社团组织、社区文化以及宗族共享公共物品的存在，也为村民的公共参与提供了更多可能。

简言之，笔者发现对普遍道德具有显著影响的因素主要包括经济因素、社会信任与公共参与。其中，社会信任的内涵与普遍道德紧密相关，而相对于公共参与，经济因素对普遍道德的影响较小（见表 5-6 多元逐步回归部分，经济因素"家庭收入"的标准化系数 B = 0.150，sig. = 0.023；而公共参与如"社团参与因子"的标准化系数 B = −0.513；sig. = 0.000）。因此，对于培育普遍道德的可能路径，笔者着重强调公共参与对普遍道德培育的重要作用和意义。鉴于普遍道德的重要经济与政治后果，Platteau 在他阐述普遍道德的经典作品中，论述了普遍道德的产生、衰微及其持续强化机制的问题，并将次级社会化中的公共参与作为持续强化普遍道德的重要机制（Platteau，1993）。如果没有持续的强化机制，普遍道德难免面临衰退甚至消亡的问题。Coleman 认为，不可否认初级社会化在普遍道德代代相传的过程中扮演重要角色，但即便如此（有初级社会化），普遍道德依然面临被侵蚀殆尽的风险，因为普遍道德是"社会资本"的一种形式（Coleman，1987），如此，它们极易折旧与贬值，尤其是当社会中维持诚信的成本太高或不断增加之时。由此，Platteau 认同 Berger 和 Luckmann 的观点，认为次级社会化对普遍道德的持续强化更为重要。被 Berger 和 Luckmann 称为次级社会化的是在家庭之外、由社会分工与专业化所带来的直接或间接的专门特定知识的内化，如在学校、公司、工厂甚至教堂等家庭之外场所的公共活动参与所带来的道德规范的内化（Berger & Luckmann，1967）。甚至，帕特南在意大利的研究论证了经常参与教堂活动的虔敬教徒至少是具有公共精神与普遍道德的，这些公共参与促进了人们之间的合作，激发了诚信或公民精神（Putnam，1993）。同样，涂尔干的道德视角虽然极力肯定了社会分工对于建构新的有机团结的功能，但毕竟分工减少了人们共享理解和宽容经验的机会，社会空间的碎片化也降低了人们进行深层精神互动的频率，由此不利于社会普遍需要的道德要素的发展。涂尔干更是极力倡导社会生活的公共参与对创造普遍道德的重大意义。他认为，"道德理想并不是人为添加在现实社会之上的一个目的，而是从集体生活中自发产生的一种实在，是'社会生活的自然产物'……社会在创造或再创造自身的过程中，同时必然也创造了理想。对社会来说，这种创造并不是一种额外工作。因为在社会形成以后，这种创造会使社会变得更加完善，使社会得到循序渐进的组建"（涂尔干，1999）。

五　小结

是哪些因素影响公共物品的供给水平？提升中国农村公共物品供给水平的可能路径有哪些？已有的研究主要在公共物品供给组织者的责任困境和参与者的集体行动困境两个层面开展研究与探索，并试图通过组织原理、正式民主制度的设计、社会资本、连带团体等社会因素强化组织者的责任以及克服参与者的"搭便车"困境。本章致力于从另一视角理解中国农村公共物品供给中参与者的集体行动问题。有别于 Tsai（2007a，2007b）关注中国农村公共物品供给组织者/地方官员的道德权威问题，也区别于格雷夫等西方学者强调中国的有限道德因素，本章更多关注公共物品一般参与者层面的普遍道德水平对中国农村公共物品供给的意义。借鉴涂尔干的道德视角以及文化经济学广泛开展的有关普遍道德的实证研究，本章运用"2005 年全国城乡居民生活综合研究（CGSS 2005）"的农村村级数据与农户数据，研究中国农村公共物品供给的影响因素。试图从普遍道德的角度理解人们在公共物品供给中的集体行动，由此探讨普遍道德对于中国农村公共物品供给的影响。

通过数据分析，笔者主要得出以下结论。

第一，在经济水平有限的中国农村地区，一般参与者的集体合作（村民的捐资以及"一事一议"筹资筹劳等）在公共物品有效供给中发挥了重要作用，其中普遍道德是中国农村公共物品供给的重要影响因素。我们不能仅仅从经济因素与组织者责任困境角度理解中国农村公共物品供给问题。本章论证了转移支付制度或许在总体上提高了地方财政收入，但对农村公共物品供给并无显著影响。同时，地方政府官员/组织者的责任与道德权威虽然重要，但笔者的研究发现村民的捐赠与"一事一议"筹资筹劳等仍是中国农村公共物品供给的重要组成部分，说明一般参与者的道德水平同样值得关注。

第二，普遍道德（捐资中所体现的诚信利他精神正是普遍道德的主要内涵）为我们提供了理解人们何以克服集体行动困境的另一种阐释。理解中国农村公共物品供给，不能仅限于西方学者所强调的宗族因素及其有限道德，更应该关注现代社会日益强调的普遍道德。提升人们的普遍道德水平是增进中国农村公共物品供给的有效路径之一。

第三，本章进一步探索了培育普遍道德的可能路径。研究发现，经济因素、社会信任与公共参与对于培育个体的普遍道德具有积极影响。已有关注文化价值与制度相互影响的实证研究，认为民主制度是普遍道德培育与弥散的关键要素，而本章的实证数据分析表明，虽然民主制度本身对普遍道德的培育并无直接的显著影响，但民主制度所提供的投票等公共参与机会对培育普遍道德具有积极意义。因此，本章尤其强调公共参与对培育普遍道德的重要意义。简言之，已有研究大部分关注普遍道德的经济与政治后果，揭示了普遍道德对经济发展与民主制度的积极影响，而本章运用全国性的调查数据，论证了普遍道德对中国农村公共物品供给的重要作用，并进一步探讨了公共参与对培育普遍道德的重要意义。其主要启示是，在现实生活中，通过制度安排或组织形式等增加人们的公共参与机会，有助于提升人们的普遍道德水平，进而促进公共物品供给情况的改善。

本章主要关注公共物品供给参与者层面的集体行动困境，并不直接涉及组织者的责任困境问题，数据分析也主要论证了普遍道德对于克服公共物品供给参与者集体行动困境的意义。不过，从以上理论阐述来看，普遍道德也有可能为现有公共物品供给所面临的两个层面困境提供缓解路径。我们可以进一步探索的是，普遍道德水平的提升是否具有克服公共物品供给中组织者责任和参与者集体行动双重困境的积极意义？抑或从更大范围上，我们可以进一步研究是否存在一些共同的因素，能同时克服公共物品供给中的组织者责任与参与者集体行动的双重困境，揭示出可能的共同影响因素。这将极具现实与理论意义，不仅可以在现实中极大地提升公共物品的供给水平，也可以推进公共物品供给研究两个层面的连接与理论对话。

文化经济学者普遍认同的观点是，从历史与经验的角度看，现代西方崛起背后的关键因素在于，个体从原有封建政体或伦理关系中解放出来的同时，发展起了适用于超越狭隘社会关系的、抽象规范与原则的普遍道德。他们一再强调普遍道德对于西方良好经济秩序及其社会治理绩效的保障（Platteau，1993，2000；Greif & Tabellini，2017；Alesina & Giuliano，2015；Guiso et al.，2011；James Jr，2015）。普遍道德存量高的社会，不仅其经济增长更快更为高效，其社会制度运行也更为有效，社会治理与经济发展都更好（Alesina & Giuliano，2015）。同时，他们在肯定普遍道德的意义之余提出的几个问题也值得我们深思：一个社会如何从缓慢的发展路径向更为积极高效的发展路径推进？如何在一个充满有限信任与有限道德的社会里不断培育与提升普遍信任与普遍道德？这些是大多数发展中国家普遍面临的巨大挑战。当前，随着中国城镇化进程的推进，中国乡村正经历从乡土中国到城乡中国的转型，乡村社会正从原有熟人社会向原子化、异质化半陌生人社会的不可逆方向转变，由此带来村庄治理结构和治理规则的重大变迁（刘守英、王一鸽，2018）。基于陌生人社会关系的合作规则，恰与笔者关注的普遍道德运作机制相契合。或许这一变迁背景，正是一个社会从有限道德向普遍道德转变的重要契机。未来关于中国农村公共物品供给以及相关公共治理的研究，尤其需要重视普遍道德视角的引入。基于数据的局限，本章在论证层面仅仅揭示了普遍道德对中国农村公共物品供给的积极意义。但我们不能忽略已被广泛认可的普遍道德所具有的积极的经济、政治与社会效果。相关经验研究已经证明，普遍道德不仅能促进经济增长，还具有稳定社会制度与结构的意义。正如涂尔干所说，"一个社会不创造理想/普遍道德就不可能被构成。这些理想就是社会据以看待其自身的观念，作为它发展的高潮。把社会仅仅看作一个具有维持生命功能的有机体，就是贬低它。因为这个身体拥有一个由集体理想所构成的灵魂"（涂尔干，2002）。换句话说，普遍道德是社会制度/结构的灵魂所在，是其稳定存续最内在的精神支撑。但普遍道德与理想仅仅通过正式制度的设计是不能完全实现的，"是不能通过立法的形式就变成现实的"，还需要人们普遍的公共参与和培育，"它们必须由那些担负着实现理想职责的人去理解，去珍视，去追求"（涂尔干，2006）。

第六章
合法性机制的比较研究（上）

第三章、第四章、第五章分别重点考察了制度合法性机制中的文化-认知要素和道德规范要素对人们公共物品供给参与的影响。在第六章、第七章笔者将制度合法性的三大要素作为整体开展比较研究。第六章是基于北京和福建省等数十个村庄的定量问卷调查，通过量化研究的方式对公共物品供给制度合法性机制的三大要素进行比较研究；第七章是基于福建省的一个具体村庄案例，通过深度访谈的质性研究，对公共物品供给制度合法性机制的三大要素进行比较研究。通过定量和定性的比较研究，笔者尝试揭示制度合法性机制中哪些要素对人们的公共参与影响更大。

一 公共物品供给的制度分析视角

从制度视角研究公共物品供给问题由来已久。首先，人们关注的是公共物品供给制度本身，即正式的制度设计对公共物品供给的影响。国内学者将农村公共物品供给制度界定为，为提供农村公共产品而制定的一系列关联性规则和制度的集合，主要包括决策机制、筹资机制和生产管理机制（高鉴国、高功敬，2008）。已有研究（林万龙，2002；张琳，2007；李建军，2010）总结了我国公共物品供给制度，认为在我国农村公共物品供给中，制度外筹资机制的不合理和供给行政制度的缺失给农村公共物品供给带来许多困境。在税费改革之后，中国农村面临新一轮的财政资金困难，国家开始以"项目制"的方式，推进新农村建设，自上而下地依靠"项目化"的资金与分级治理制度，促进村庄公共物品供给（陈家建，2013）。其次，研究表明，外在的民主制度对公共物品供给也有显著影响。比如外在的民主制度有利于促进政府提供更多的公共物品（Lizzeri & Persico，2001；Besley & Burgess，2002；Besley & Coate，2001）；一些学者在中国的情境下考察基层民主与村庄公共物品供给之间的关系，同样验证了基层民主制度的实施显著增加了村庄公共物品的开支（张晓波等，2003；Zhang et al.，2004；Luo et al.，2007a，2007b；张林秀等，2005a，2005b；Tsai，2007a；罗仁福等，2006；孙秀林，2009）。最后，已有研究也关注到非正式制度对公共物品供给的影响，如中国农村地区的许多宗族、庙会、老人协会等非正式组织，承担着村庄大量的公共事务，为村庄提供公共物品（Peng，2004；彭玉生，2009；Xu & Yao，2015）；更有研究直接论证了村庄非正式制度对公共物品供给的积极影响（Tsai，2007a，2011；孙秀林，2011；温莹莹，2013，2015）。

以上制度视角主要从宏观层面论证了正式制度、非正式制度与公共物品供给之间的关联，而关于正式/非正式制度何以促进公共物品供给的具体微观机制，还未有过充分的讨论。新制度主义理论在研究制度绩效问题时，提出了合法性的概念（Meyer & Rowan，1977；DiMaggio & Powell，1983），即一项制度安排在实施过程中会面临合法性问题。由此，本章试图从微观层面，探讨制度实施的具体合法性机制与中国农村公共物品供给之间的关系。

二　制度合法性机制与公共物品供给

社会学新制度主义对组织和制度研究的一个核心议题是合法性问题。以迈耶与迪玛吉奥等人（Meyer & Rowan，1977；DiMaggio & Powell，1983）为代表的组织社会学新制度学派认为，技术环境和制度环境对组织制度提出了两种不同要求，技术环境要求组织遵循理性效率机制原则，制度环境要求组织服从合法性机制原则（周雪光，2003）。

由此，越来越多的学者开始关注组织和制度的合法性研究。马克·苏奇曼（Suchman，1995：574）认为合法性是在社会所建构的规范、价值、信念以及规定的系统中，关于一个行为主体的行为被视为值得、恰当和正确的一般性理解和设定。斯科特在已有相关研究的基础上，认为制度包含三大核心要素，即规制性要素、规范性要素和文化-认知性要素。三大核心要素的合法性基础来源不同，分别对应法律制裁、道德支配和可理解的文化支持（斯科特，2010）。或者说，规制性要素认可了那些符合已确立的规章和法律制度的行动类型；规范性要素则告诉行为主体，哪些行为在文化上是适当的、被鼓励的，以及哪些行为符合公认的价值规范（尤其是被强大的有影响的行为主体所支持的价值规范）；文化-认知性要素有助于行为主体建构那些用来指导行动并赋予行动以意义的符号性表现。

以上理论为相关的实证研究提供了相应的分析框架。托尔博特与朱克比较分析了理性选择和合法性机制的不同理论逻辑，研究了美国公务员制度作为一项新制度观念的传播、渗透以及最终获取合法性的过程（Tolbert & Zucker，1983）；埃尔德曼关于非工会雇员正式申诉程序建立的研究（Edelman，1990，1992）、道宾等人关于企业内部晋升制度建立的研究（Dobbin，1993）、周雪光关于专业许可证制度建立的研究（Zhou，1993），以及刘玉照和田青关于一项新制度是如何落实的实证研究（刘玉照、田青，2009）等，都是关于制度在实施过程中的合法性机制的实证研究。杰拉德·戴维斯和亨里希·格里弗运用合法性机制理论解释了规制合法性、文化-认知合法性以及规范合法性等因素，如何影响"毒丸"和"金降落伞"这两类公司收购治理方式的扩散（道宾，2008）；施奈普、圭伦（2008）通过对39个国家1988~1998年的数据分析发现，强调股东权利的公司法律所带来的规制合法性提高，股份交易制度化所带来的-认知合法性提高，以及由于低水平工人运动、对银行的限制和文化上高度的个人主义导致的规范合法性提高，都将增加恶意收购的发生率。基于新制度主义理论，笔者也认为，规制性、规范性和文化-认知性变量反映了村庄公共物品供给动员组织的合法性，在一定程度上影响着人们的公共物品供给参与意愿。斯科特认为制度"包括为社会生活提供稳定性和意义的规制性、规范性和文化－认知性要素，以及相关的活动与资源"（斯科特，2010：56）。本章将村庄公共物品供给的组织情况视为一种制度安排，在制度合法性机制的理论框架下，探讨村庄场域中公共物品供给的三大合法性机制（规制合法性机制、规范合法性机制和文化－认知合法性机制）对人们公共物品供给参与意愿的影响。

三　制度合法性机制视角下的公共物品供给参与意愿

（一）数据来源与变量定义

本章的定量数据来源于 2016 年 7~8 月在北京郊区农村开展的问卷调查。笔者采用分层随机抽样，以北京 16 个区为抽样框，随机抽取了两个区，再从所选区的所有乡镇中随机抽取 4 个乡镇，每个乡镇（以所有行政村为抽样框）随机抽取 10 个村庄，每个村庄随机抽取 10 户农户进行入户调查。调查中总共发放了 400 份问卷，最终回收有效问卷 342 份。具体的问卷填答一般由户主完成，当户主不在时，由其他成年的家庭成员填答。农户问卷主要包括年龄、性别、受教育程度、政治面貌、经济水平等个人信息，也包括"所在村庄是否有实施'一事一议'制度、村庄是否有国家资助的公共项目？是否愿意参与村庄公共项目？"等各项涉及个人认知与行为指标的问题。

本章借鉴新制度主义理论，以制度合法性机制为理论框架，具体借鉴斯科特的制度合法性机制三要素，提出研究假设：村庄公共物品供给组织动员的规制性、文化－认知性和规范性等合法性机制，将对人们的公共物品供给参与意愿产生显著影响。在问卷设计中，笔者借鉴施奈普、圭伦（2008）的研究对三大制度合法性机制进行以下操作化。

1. 规制合法性："一事一议"制度、项目制

制度的规制合法性，主要指规章制度是正式与带有强制性质的。个体所处环境中的不同制度，对个体行为存在直接有效的影响。各种不同的制度塑造了不同的利益相关者看待彼此角色和行为的种种方式（Pedersen & Thomsen，1997）。制度是"一个社会中的博弈规则，是塑造人们互动的种种限制条件"（诺斯，1994）。制度塑造行为主体，并为行动提供稳定性和意义。在施奈普、圭伦的研究中，将规制合法性操作化为公司法（正式制度），基于此，在村庄公共物品供给研究中，对于规制合法性的制度力量，笔者主要考察的是村庄中与公共物品供给紧密相关的"一事一议"制度与项目制等相关正式制度安排。

"一事一议"制度是政府为了应对中国农村自筹公共物品供给数量不断减少（罗仁福等，2006）的挑战，为增进农村公共物品供给而提出的创新性制度。在"一事一议"制度安排下，村庄内部针对特定的公共物品供给项目召开村民会议，在会议上商定该项目实施过程并向村民集资集劳（谢洲，2012）。"一事一议"制度本质上是以一种民主协商的形式进行公共物品供给决策。同时，被村民所认可的"一事一议"制度从正式实施开始，就对村民产生有效制约影响。《村民一事一议筹资筹劳管理办法》第13条规定："对无正当理由不承担筹资筹劳的村民，村民委员会应当进行说服教育，也可以按照村民会议通过的符合法律法规的村民自治章程、村规民约进行处理。"由此，笔者认为经过全体村民民主协商的"一事一议"制度，作为一项与村庄公共物品供给直接相关的正式规章制度，可以增加村庄公共物品集资集劳的合法性，提高村民在村庄公共物品供给中的参与意愿。

税费改革之后，农村公共物品制度化供给在运作方式上发生了重大的转变，从税费改革之前的以基层统筹为主开始转变为以自上而下的项目制运作为主，即高层级政府通过各类"条条"部门向农村投放各种支农项目资金以解决农村公共物品的供给问题（折晓叶、陈婴婴，2011）。当下中国，中央财政和省级财政每年都会安排大量财政支农资金，通过"条条"的项目将大量财政资金投放到农村，项目制运作已经成为国家制度化供给农村公共物品的一种新型运作形式（李祖佩，2012）。项目制下的公

共物品供给资金虽然大部分来自高层级政府，但为了实现严格的项目绩效考核，项目制的资金补给一般采用事后补助的方式，补助一般分为三种：一是全额补助，是指完全由政府出资且政府能够控制投资额度；二是定额补助，是指国家对项目实施只给予固定的补助额度，其余资金需要申报单位自行筹集；三是按比例补助，是指国家依据项目投资额的相应比例确定政府补助数额。事实上，只有极少项目采取全额补助办法，大部分的村庄公共物品供给项目采取定额补助或按比例补助办法，其中部分资金仍然需要村民自筹集资（叶敏，2016）。由于项目制具备严格的申报、审批、绩效考核以及专项资金管理制度，笔者认为公共物品供给的项目制度安排，同样能增加合法性，并提高村民在公共物品供给中的参与意愿。

从以上理论分析看，"一事一议"制度或项目制两种与村庄公共物品供给紧密相关的制度安排，可为村庄公共物品供给带来规制合法性。不过，新制度主义理论认为，任何制度安排若想对行动者产生有效制约影响，首先需要得到人们的认可、接受与信任（Scott et al.，2000：237）。根据斯科特的理论，制度的规制合法性机制的核心在于对行动者施加强制性暴力、奖惩和权宜性策略等。如果行动者未能意识到制度的实施，制度则难以对其产生有效约束（斯科特，2010）。若村庄层面的实际情况未被人们真实认知，则难以对人们的行为产生有效影响[①]。由此，笔者提出假设1：当人们意识到所属村庄实施了"一事一议"制度或项目制时，其参与公共物品供给的意愿将增强。因此，我们所要考察的是，人们认为所在村庄是否有实施"一事一议"制度、是否有被资助的公共项目等，对人们在村庄公共物品供给中参与意愿的影响。

2. 规范合法性：村庄共同体的价值规范

在不同的情景下，制度界定了合法的、可接受的、适当的和合理的行为（Dobbin & Dowd，2000；Scott & Christensen，1995）。从规范的角度看，一种经济实践的合法性在于它符合各种行为主体在具体情境下所认同的价值和规范。价值规定了可取的目标，而规范规定了达成这些目标的适当手段。价

---

① 现实中，确实存在普通村民对村庄情况不熟悉的现象，在后面的数据分析中我们会看到，所调研的村庄都实施了"一事一议"制度，但只有39.8%的村民意识到了。

值和规范是导向性的、评价性的，而且两者相互联系（Scott & Christensen，1995）。新制度主义理论认为，个体行为嵌入在社会、政治和文化的结构里（Granovetter，1985；Scott & Christensen，1995）。在很多社会场景中，社会成员的价值与规范是不同的。施奈普、圭伦（2008）认为，研究一个组织的规范合法性机制，有必要分析组织中哪些是主导的价值和规范，所有场景的价值、规范是否统一等问题。这些往往取决于各种力量的结构和运作过程（Perrow，1986）。

在公共物品供给的组织中，并非全部利益相关者都具有相同的价值和规范，而且相互之间就主导权也没有形成共识（Guillen，2000；Pedersen & Thomsen，1997）。在社会学家看来，组织常常困扰于不同价值和规范的冲突（Fligstein，1990，2001；Guillen，1994）。早期社会学家常关注诸如亲属群体（宗族）、社会阶层等结构类型，在这些类型中，可能存在共同的信念和价值观，这些信念和价值观即为制度规范性机制（斯科特，2010）。在中国农村公共物品供给的组织中，可能涉及不同行动主体，如国家、基层干部/村干部、传统政治精英、经济精英和一般村民等，还涉及不同结构分化的人群，如性别、年龄、姓氏结构、经济水平、社会地位等。在不同结构力量的运作下，人们会产生不同的价值倾向。改革开放以来，随着城市化进程加快带来的人口流动加快，以及市场力量深入农村，可能带来原有村庄共同体统一价值规范的分化。比如，人口流动使得人们居住在村庄的时间减少，在一定程度上会降低人们对原有村庄共同体的归属感；市场力量在不断强调个体主义的同时，可能瓦解人们原有的集体主义精神，降低其对村庄集体事务的重视程度。在本章中，笔者主要考察亲属群体结构（是否属于大姓）与流动性（就业流动、在村庄的年均居住时间）可能带来的分化力量。按照以上理论，当人们属于村庄中的大姓亲属群体结构、流动性较低时（在村就业、在村庄的年均居住时间较长），其价值规范与村庄整体的价值规范相统一的可能性越大。

规范合法性机制主要强调制度实施范围内群体/共同体价值规范的整合统一。从村庄层面看，价值规范的统一不分化将为公共物品供给提供规范合法性支撑；从村民个体层面看，村民与村庄整体的价值规范越统一，越能为公共物品供给提供规范合法性支持。由此，笔者提出假设2：在村庄公共物品供给组织中，人们的价值规范与所属村庄越统一（属于大姓或在村庄的年均居住时间长、流动性低），公共物品供给的合法性基础越强，人们参与公共物品供给的意愿越高。

3. 文化-认知合法性：确定性与日常互动

合法性的规制性要素强调要与已经确立的制度规则相一致，而文化-认知性要素则强调行为选择被（关于现实的）知识所限制和充实（Scott & Christensen，1995）。已有研究认为，确定性和参与者之间的日常互动是影响文化-认知合法性的两个重要因素（施奈普、圭伦，2008）。

确定性取决于"游戏规则"的可预见性。比如，在公共物品供给中对组织者以及其他参与者的信任（村庄公共物品供给一般由村干部组织，全体村民参与）；公共物品供给中涉及的另一项重要"游戏规则"，即公共财务信息是否公开。在村庄公共事务治理中，村庄财政管理是重中之重。近年来，村庄财政管理制度进行了许多创新与改革。总的来说，中国农村财政管理制度模式经历了以下变迁。一是村财村管，指的是村集体经济组织或村民委员会通过村会计对集体经济组织的经营活动进行会计核算、财务管理的一种农村财务管理模式。村财务由村委会自行管理，乡（镇）农经站对村会计进行业务指导和培训，对村财务管理进行监督。二是"村账乡（镇）管"，是指由村民委员会管理村集体资金，由乡（镇）农经站代理财务核算、保管财务档案的一种农村财务管理模式。三是农村会计委派制，是指由乡（镇）农经站统一委派会计到各村，由委派会计对村经营活动进行财务管理、会计核算，乡（镇）农经站对村委派会计进行统一管理与考核。四是村级会计委托代理服务制度，村庄保持集体资金所有权、使用权、审批权、收益权不变，依法签订委托代理协议，由乡（镇）委托代理服务机构对村级资金使用进行审核和会计核算（黄燕红，2018）。不论哪一种村庄财务管理制度，主要的监督力量都来自乡（镇）政府部门，并未在制度安排上承诺向村民完全公开财务信息。在公共物品供给中，公共项目的财务信息是人们关注的焦点。因此，从文化-认知合法性的确定性因素层面，笔者在本章主要考察了信任与公共项目财务是否公开等变量。

经常参与村庄公共活动或其他公共项目、与组织者或其他参与者之间的交往频率高，都可能提高人们在公共物品供给中的参与意愿。正如以往研究所指出的，只有形成确定性及相关群体的经验（施奈普、圭伦，2008），公共物品自我供给才能被群体成员有效组织。笔者提出假设3：相关信息的确定性（公共物品/项目财务公开）与积极的日常互动（社会信任、社会态度、公共活动与社会交往）可以增进村庄公共物品供给组织制度的合法性，从而增强人们参与公共物品供给的意愿。

综上，基于制度合法性理论与施奈普、圭伦（2008）的实证研究，笔者对三大制度合法性机制进行以下操作化测量（见图6-1）。

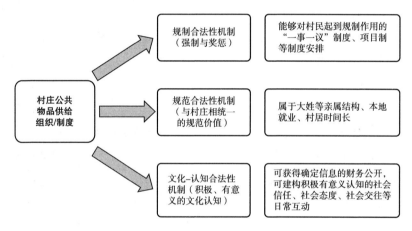

图6-1　制度合法性机制操作化测量逻辑示意

（二）数据分析：描述性统计与回归分析

1. 描述性统计

本章的因变量是人们在公共物品供给中的参与意愿。在问卷中笔者用李克特量表来测量人们的参与意愿，具体定义为"一般而言，您对我们村庄所开展的各项公共项目的参与意愿（包括捐资或者投入义务工）是"？回答分为"非常不愿意、比较不愿意、一般、比较愿意、非常愿意"五个等级，并从低到高用1~5分给这五个等级赋值。从表6-1可以看到在所调查的样本中，人们对公共物品供给的参与意愿均值为 1.84 分，处于较低水平。

　　本章的主要预测变量是规制性、规范性与文化-认知合法性机制等各项制度。首先，规制合法性变量。在问卷中，笔者用"我们村庄是否有实施'一事一议'制度""我们村庄是否有国家专项资金支持的公共项目"两个问题来测量人们对所在村庄是否实施"一事一议"或项目制等制度的认知，这两项构成了规制性制度变量。表 6-1 报告了这几个变量的频数占比情况，在所调查村民的认知中，超过 1/3 的村民认为自己所在村庄实施了"一事一议"制度（占比为 39.8%）；65.5% 的村民认为所在村庄有国家专项资金支持的公共项目。

表 6-1　主要变量的描述性统计

变量	最小值	最大值	均值	标准差
年龄（岁）	18	82	49.61	16.206
受教育程度（受教育年限）	0	19	11.00	4.806
个人月收入（千元）	0	500	23.6958	45.09544
村庄年均居住时间（月）	1	12	10.45	3.359
公共项目参与意愿（分）	1	5	1.84	1.231
对村庄公共物品供给的满意度（分）	1	5	3.43	1.133
对邻居的信任程度（分）	1	5	4.02	0.887
对村干部的信任程度（分）	1	5	2.98	1.051
与邻居的交往频率（分）	1	5	4.31	0.930
与村干部的交往频率（分）	1	5	2.40	1.238
村庄公共项目财务公开情况（分）	1	5	1.97	1.563

变量频数占比情况

变量	是（%）	否（%）
性别（是=男,否=女）	48.7	51.3
户口（是=农业户口,否=非农户口）	77.2	22.8
婚姻（是=已婚,否=单身/未婚）	82.3	17.7
是否中共党员	15.6	84.4
就业地点（是=村庄,否=不在村庄）	75.6	24.4
是否属于大姓（所属姓氏占比超过 1/3）	54.9	45.1

变量频数占比情况		
变量	是（%）	否（%）
村庄是否实施"一事一议"制度	39.8	60.2
村庄是否有国家专项资金支持的公共项目	65.5	34.5
是否经常参与村庄民主选举投票	82.9	17.1

注：这里的个人月收入均值较一般村民收入数值偏高。可能原因如下。第一，与本次调研抽取的样本有关，我们采用分层随机抽样，以北京16个区为抽样框，随机抽取了两个区，再从这两个区的所有乡镇中随机抽取4个乡镇，每个乡镇（以所有行政村为抽样框）随机抽取10个村庄，每个村庄随机抽取10户农户进行入户调查。第一个区所抽中的2个镇，一个镇在水长城，所调研的村庄有旅游开发以及农家乐等项目，户主所报告的收入相对较高；另一个镇因所处地势较高，有些村庄正在拆迁，除了拆迁补偿款，还有从中央到市县各级政府的诸多惠农财政补贴。所调研村庄大部分村民加入了林地保护队，参与林地保护也有不少工资补贴。第二个区所抽中的2个镇，一个位于县（市）中心，另一个临近首都机场，除了地租、房租收入较高，当地的工商业均比较发达。第二，我们以户为单位进行调查，一般由户主进行问卷填答。户主作为家庭主要劳动力，其收入相对较高。同时，他们常将政府给予家庭的各项惠农补贴算为自己的收入，导致最终呈现的村民各项收入总和较高。

其次，规范合法性变量。在问卷中，笔者将"就业地点"、"村庄年均居住时间"以及"是否属于大姓"等几个问题作为考察规范合法性的变量。从表6-1中我们可以看到，被调查对象大部分时间居住在村庄，年均居住时间为10.45月，75.6%的村民就业地点在所属村庄，超过一半的村民（54.9%）姓氏属于村庄中的大姓。

最后，文化-认知合法性变量。该变量主要操作化为两个部分。一是认知确定性，其中包含"村庄公共项目财务公开情况"与"对邻居的信任程度"、"对村干部的信任程度"。在问卷中，笔者通过李克特量表将"村庄公共项目财务公开情况""对邻居的信任程度对村干部的信任程度"分为1~5个档次，并分别用1~5分赋值。1分为最低分，5分为最高分。从表6-1可见，所调研村庄的公共项目财务公开情况不太乐观，平均得分只有1.97分；村民对邻居的信任程度较高，达到4.02分，对村干部的信任程度处于中等水平（2.98分）。二是日常互动部分，问卷中操作化的问题为"是否经常参与村庄民主选举投票""对村庄公共物品供给的满意度"与社会交往等。从表6-1可见，村民对村庄公共物品供给的满意度为中上水平（3.43分），82.9%的村民经常参与村庄民主选举投票，村民与邻居的交往频率较高

（4.31 分），与村干部的交往频率（2.40 分）明显低于与邻居的交往频率。

除了因变量与主要预测变量，笔者还加入了被访者的年龄、性别、受教育程度、户口等变量作为控制变量。各项控制变量的主要情况见表 6-1。可以看到此次调查对象的男女性别比例相似，差不多各占一半；大部分村民户口类别为农业户口（占比为 77.2%），被调查对象平均年龄为 49.61 岁，受教育程度为中等水平。

2. 回归分析

由表 6-1 可见，在笔者所调研的村庄，人们参与村庄公共物品供给的意愿程度偏低，按照从低到高的参与意愿程度，分别给予 1~5 分的赋值，平均得分只有 1.84 分。笔者将进一步考察影响人们在村庄公共物品供给中参与意愿的主要因素，重点考察制度的规制、规范与文化-认知合法性等主要预测变量对人们的参与意愿是否具有显著影响。表 6-2 报告了相关变量的 Ordered Logistic 回归分析结果。

表 6-2　合法性机制对公共物品供给参与意愿的影响（Ordered Logistic 模型）

自变量	模型 1	模型 2	模型 3	模型 4
阈值（cut 值）	1.876 ** (0.756)	1.449 (1.167)	2.728 * (1.088)	2.814# (1.632)
	2.525 *** (0.763)	2.031# (1.171)	3.399 ** (1.096)	3.512 * (1.639)
	3.173 *** (0.773)	2.594 * (1.175)	4.133 *** (1.2107)	4.266 ** (1.647)
	4.804 *** (0.826)	4.246 *** (1.209)	6.235 *** (1.171)	6.274 *** (1.691)
规制合法性机制				
"一事一议"制度[c]	**1.359 *** (0.274)**			**1.028 *** (0.320)**
国家资金赞助项目[c]	0.082 (0.153)			0.081 (0.175)
规范合法性机制				
就业地点		−0.237 (0.258)		−0.053 (0.288)
村庄年均居住时间		**0.115# (0.064)**		0.073 (0.072)
是否属于大姓[d]		0.005 (0.011)		0.005 (0.012)
文化-认知合法性机制				
公共项目财务公开			**0.494 *** (0.101)**	**0.433 *** (0.108)**
邻居信任			**0.311# (0.185)**	**0.301# (0.199)**
村干部信任			−0.153 (0.162)	−0.200 (0.172)

自变量	模型 1	模型 2	模型 3	模型 4
是否参与选举投票[e]			0.662(0.492)	−0.065(0.541)
公共物品满意度			0.124(0.133)	0.208(0.143)
与邻居交往频率			**−0.279(0.183)**	**−0.356#(0.192)**
与村干部交往频率			0.138(0.132)	0.136(0.142)
控制变量				
年龄	0.028**(0.010)	0.012(0.011)	0.028*(0.011)	0.026*(0.013)
性别[a]	0.077(0.268)	0.024(0.266)	0.094(0.280)	0.031(0.304)
受教育程度	−0.045#(0.027)	−0.014(0.028)	−0.047#(0.028)	−0.063*(0.031)
户口[b]	0.028(0.326)	−0.155(0.334)	−0.082(0.365)	−0.177(0.381)
婚姻状况[f]	−0.382(0.274)	−0.537#(0.238)	−0.574*(0.271)	−0.535#(0.285)
是否中共党员[g]	0.178(0.352)	0.517(0.349)	−0.243(0.396)	−0.698(0.448)
个人月收入	8.882E-005(0.004)	0.004(0.003)	0.003(0.003)	0.003(0.004)
sig.	0.000	0.015	0.000	**0.000**
N	342	342	342	342
伪 R^2	**0.136**	**0.079**	**0.205**	**0.233**

注：# $p<0.1$，* $p<0.05$，** $p<0.01$，*** $p<0.001$；括号里是标准误差。a 女性为参照组；b 非农户口为参照组；c 没有"一事一议"、项目制等制度设置为参照组；d "不属于大姓"为参照组；e 未参与选举投票为参照组；f 未婚为参照组；g 非中共党员为参照组。

在表 6-2 Ordered Logistic 回归分析结果中，从控制变量来看，年龄、受教育程度与婚姻状况均对村民公共物品供给参与意愿具有显著影响。其中，年龄与村民的参与意愿呈正相关，受教育程度与村民的参与意愿呈负相关，相比于未婚/单身，已婚的村民在公共物品供给中的参与意愿较低。已有研究发现，个体的年龄、性别、受教育程度等社会特征代表着个体不同的社会角色，这些社会角色会影响其异质性的社会偏好，进而影响其公共物品供给行为（Chen & Li，2009；Buchan et al.，2011；周业安等，2013）。不过，也有相关研究结果显示，个体特征并不一定会对其参与意愿产生显著影响，如钱文荣和应一逍（2014）通过研究农户参与村庄公共物品供给意愿的影响因素发现，村干部和党员身份对公共物品供给参与意愿并无显著影响。本章的数据分析也未能充分论证性别、户口以及是否中共党员等个体特征对村民公共物品供给参与意愿具有显著影响。从其他影响变量看，模型 1~3 表明，在控制了年龄、性别等变量后，笔者所考察的主要自变量规制合法性、规范合法性和文化-认知合法性机制，均对人们参与村庄公共物品供给意愿具有显著正向影响。其中，规制合法性机制主要是"一事一议"制度产生影响，并在 0.001 的水平上显著；规范合法性机制的影响主要来源于人们在村庄的年均居住时间；文化-认知合法性机制的影响主要来自村庄公共项目财务公开与邻居信任所带来的信息确定性。这些因素均在一定程度上提高了人们参与公共物品供给的意愿。模型 4 是加入了所有自变量的全模型，回归结果表明，"一事一议"制度、公共项目财务公开、邻居信任三个变量与人们在公共物品供给中的参与意愿呈正相关关系。根据以上研究设计，表 6-2 的回归分析结果表明，规制合法性机制、规范合法性机制与文化-认知合法性机制均对人们参与公共物品供给的意愿具有显著的积极影响。

首先，规制合法性机制。规制性制度要素的理论强调遵守规则是制度的合法性机制，强调制度对相关行动主体的强制性力量。我们预设"一事一议"制度与项目制，因对公共物品供给的发起/组织者（通常是村干部）或参与者（普通村民）施加规制性影响，可以提高村庄公共物品自我供给组织的合法性，最终提高人们在村庄公共物品供给中的参与意愿。作为一项自上而下的制度建构，《村民一事一议筹资筹劳管理办法》和《村级公益事业建设一事一议财政奖补资金管理办法》等官方文件对其议事规则、筹资筹劳对象、议事主体、资金来源以及项目设定等均有严格规定。"一事一议"制度通过民主协商的方式，规定了村庄可以发起什么样的公共物品项目，以及向村民集资集劳的数额与方式。严格依照程序运作的"一事一议"制度安排将提高村庄公共物品供给组织的合法性，从而提高人们的参与意愿。已有研究表明，"一事一议"制度对农村公共物品供给具有积极影响，如周密等的研究发现"一事一议"制度显著增加了农村公共物品供给项目，特别是村级生活性公共物品供给项目（周密、张广胜，2010；彭长生，2012）；罗仁福等人的研究论证了"一事一议"制度的实行有助于村集体实施村民最需要的公共物品供给项目，且提高了村级公共物品供给项目实施过程中向村民所筹资金占总投资额的比重以及筹劳数量（罗仁福等，2016）。不过，也有一些研究表明，"一事一议"制度牺牲大多数人利益的"一致通过"现象，不利于村庄公共物品供给项目的实施（陈潭、刘祖华，2009）。总之，已有研究表明，"一事一议"制度对村庄公共物品供给的有效激励并非一劳永逸，也常遭遇集体行动困境。有研究指出，"一事一议"制度并未将解决公共物品"搭便车"问题的希望全部寄托于社会资本的惩罚，而是依靠其赋予村庄的规则与公共权力（王振标，2018）。这与笔者论证的"一事一议"制度带来的规制合法性机制的积极影响不谋而合。表6-2的回归分析结果表明，人们认识到村庄实施了"一事一议"制度，显著提高了他们在公共物品供给中的参与意愿。同时，笔者也关注村庄公共物品供给的项目制运作。人们了解村庄有国家资助的公共项目情况，并不能显著提高他们公共物品供给的参与意愿。这或许与项目制的具体实施情况有关，即税费改革之后，农村公共物品主要依靠国家专项资金提供。有不少研究指出，项目制在实际运作中出现了种种问题与困境（李祖佩，2015；桂华，2014；黄丽芬，2019）。比如有研究从"资源下乡"过程中探讨国家与社会的关系问题，政府主导的项目制实践可能在与村庄社会对接时产生问题，主要的原因在于村庄的缺场（焦长权，2014），从这一角度或许可以理解为何项目制的实施未能显著提高人们在村庄公共物品供给中的参与意愿。

其次，规范合法性机制。在模型2中，笔者论证了人们在村庄的年均居住时间长短对其公共物品供给意愿有显著影响。价值观与规范等变量的操作化测量是研究的难点所在。以往的研究，通常运用大范围的研究单位进行比较，如采用不同国别的数据，将价值规范操作化为"集体主义价值"与"个体主义价值"（施奈普、圭伦，2008）。借鉴这一操作化方法，笔者试图通过亲属群体结构（宗族）或流动性（村庄年均居住时间长短、就业地点）考察人们对村庄共同体的归属感。归属感在某种程度上反映了村庄层面统一的价值规范。如前所述，早期社会学家常关注诸如亲属群体（宗族）、社会阶层系统等结构类型，在这些类型中，可能存在共同的信念和价值观，这些信念和价值观即为制度规范性机制（斯科特，2010）。研究表明，虽然有一半的村民（54.9%）属于村庄大姓，但这一结构特征并未显著影响其公共物品供给意愿。宗族结构影响不显著的结果，可能在某种程度上说明了北京农村社区的大姓、宗族结构，已不如传统时期那样保有共同价值规范的能力了。不过，笔者同时期在福建农村的数据分析表明，宗族结构仍是个显著且重要的影响因素。城市化进程导致的人口流动，使得人们居住在村庄的时间减少，可能降低了人们对原有村庄共同体的归属感，进而影响其公共物品供给意愿。换言之，村居时间长将提高人们的公共物品供给参与意愿。已有研究尤其经济学研究常基于理性人假设来解释人们在公共物品供给等集体行动中的行为表现。比如奥尔森的集体行动逻辑理论认为，每个人都依据成本-收益来权衡是否参与集体行动（奥尔森，1995）。人们居住在村庄的时间越长，越能享受公共物品带来的收益，相对成本降低，由此可提高其参与意愿。另外，从重复博弈的角度看（奥斯特罗姆，2012），村居时间长，为免遭将来重复博弈时其他合作者的联合抵制或舆论谴责，人们也会更倾向于选择参与公共物品供给（刘燕、冷哲，2016）。不过，笔者借鉴斯科特的理论，从规范性期待与情感的角度对这一结果进行了补充。斯科特指出，规范合法性包含规范性期待与情感，并为人们在特定情境下确定何为恰当的行为活动。当人们的行为符合规范性期待时，会产生自豪、荣誉等情感。相反，当人们的行为违反规范期待时，则会出现自责、羞愧等情感（斯科特，2010）。人们居住在村庄的时间越长，在村庄公共物品供给中所受的规范性期待与产生的情感反应就越强，如此，其参与意愿则会相应提高。

最后，文化-认知合法性机制。笔者从村庄公共项目财务公开来考察人们对获取信息的确定性情况；从对邻居、村干部的信任，参与村庄民主选举投票，对公共物品供给的满意度和与他人的社会交往等指标来考察人们日常互动情况。从理论的角度看，越是与公共物品相关的确定信息，越可以增加公共物品供给组织的合法性，进而提高人们的参与意愿。已有实证研究表明，关键信息的不确定性越强，相关活动的合法性就越弱，人们的公共参与意愿将越低（施奈普、圭伦，2008）。笔者的数据分析也验证了确定信息对人们公共参与意愿的显著影响。回归分析结果表明，村庄公共项目财务公开，使人们获得关于公共物品的确定信息，增加认知合法性，可以显著提高人们在公共物品供给中的参与意愿。而基于日常互动的文化认知所产生的影响较为复杂，新制度主义认为，认知是外部世界刺激与个人机体反应的中介，"在这种认知范式中，作为被创造者的人的所作所为，在很大程度上是此人对其环境的内在表象的一个函数"（D'Andrade，1984）。换言之，日常互动可能为人们建构出饱含积极意义的共享认知框架，也可能带来消极的意义认知，人们的社会行动将因不同认知而有所不同。以往的研究认为，人们会在日常互动中积累经验，并在互动中使用一套标准话语来交换信息，形成人们对活动合法性的积极认知（施奈普、圭伦，2008）。本章虽然未能论证村干部信任、是否参与选举投票、公共物品满意度、与村干部交往频率等日常互动对人们公共物品供给参与意愿具有显著影响，但相关数据分析表明，人们与邻里的日常互动对其公共物品供给参与意愿具有显著影响，如人们对邻居的信任可构建出关于公共物品供给的积极意义认知框架，增加其合法性，提高人们的参与意愿；但与邻居的交往频率和其公共参与意愿呈负相关关系，这说明社会交往能否促进人们的合作意愿，取决于社会交往所建构出的关于共同行动的认知框架是积极的还是消极的。正如已有研究指出的，在国家、市场经济力量的影响下，宗族、血缘、地缘等传统因素对村民社会行动的约束逐渐式微，村民越发处在一个非完全信息的复杂博弈场域（陈潭、刘建义，2010），他们在公共物品供给中既非纯粹的"搭便车"者，也非纯粹的合作者，而是根据与他人互动所得信息成为有条件的合作者（刘燕、冷哲，2016）。因此，以往的研究将社会信任、社会交往当成社会资本①的重要构成部分，其在公共参与中总能发挥促进作用（王霄、吴伟炯，2012；阳杨、陆林，2018），但本章从制度合法性机制的角度看，社会交往、社会信任并非全部构建出积极的社会资本，其中也可能构建出消极的文化-认知，从而对人们的公共参与意愿产生一定的负面影响。

综上，笔者的实证研究论证了制度合法性机制与村庄公共物品供给之间存在显著相关关系。

四　小结

借鉴斯科特的制度合法性理论，本章从制度合法性机制三要素——规制

---

① 帕特南基于意大利南北方政府公共治理绩效不同的研究，发展了社会资本理论，并认为基于信任、稠密的互惠规范与公共参与网络的社会资本，可有效克服集体行动困境，促进人们在集体行动中的公共参与及合作（Putnam，1993）。

合法性、规范合法性与文化-认知合法性的角度，理解中国农村公共物品供给问题。人们在村庄公共物品供给的参与看似理所当然，背后则有具体的规制、规范与文化-认知合法性机制在支撑。笔者通过实证研究与数据分析，论证了制度合法性机制能够显著提高人们在村庄公共物品供给中的参与意愿。第一，在规制合法性中，"一事一议"制度，尤其是《村民一事一议筹资筹劳管理办法》明确规定了向村民集资集劳的数额、方式，以及相对应的奖惩措施，给村庄赋予了新的规则与公共权力。严格依照程序运作的"一事一议"制度安排将提高村庄公共物品供给组织的规制合法性，从而提高人们的参与意愿。第二，在规范合法性中，村庄年均居住时间越长，对村庄共同体的归属感越强，其规范性期待与情感反应越强，为村庄公共物品供给组织带来更多的规范合法性机制支撑，人们参与公共物品供给的意愿则越高。第三，在文化-认知合法性中，公共项目财务公开、对邻居的信任等有助于人们获得公共物品供给的确定信息及对其积极的意义认知，进而提高人们的公共物品供给参与意愿。当前，在国家、市场力量影响下的农村逐渐呈现为一个复杂的博弈场域，人们往往根据与他人互动所得信息成为有条件的合作者，在此背景下，提高公共物品供给组织制度的文化-认知合法性尤为重要。总之，制度合法性理论为我们理解公共物品供给等集体行动的组织或制度实施效果开拓了新思路，反过来，我们的实证研究也为制度合法性理论提供了中国的相关实践经验。

正如施奈普与圭伦在研究中指出的，"我们的理论和实证研究确认，分析组织的结构、行为以及实践的制度合法性的来源是非常必要的。制度为组织生活提供了基础，它提供了被当作理所当然的那些驱动和塑造行为的规制性、认知性以及规范性制度要素"（施奈普、圭伦，2008）。本章对今后进一步研究公共物品供给或集体行动具有一定的启发意义。

首先，人们在公共物品供给中的参与意愿或行为，具有较高的可塑性。制度及其合法性机制为驱动和塑造人们的参与意愿/行为提供重要依据。本章论证了制度的三大合法性机制均可促进人们的参与意愿。在一项公共物品供给中，人们的"搭便车"倾向并非天然固定或不可改变，只要经过合理的设计，具备合法性机制支撑的制度可以有效调动起人们的公共参与意愿，促成公共物品的有效供给。

其次，具体的合法性机制是组织行为或制度安排有效实施的关键，除了规制合法性，规范合法性与文化-认知合法性机制同样值得关注。在考察公共物品供给问题中，重要的不仅在于区分供给主体是政府、市场还是社会组织，是正式制度还是非正式制度，还在于详细考察制度的合法性机制及其来源是什么？以往的研究常常强调正式制度的规制合法性及其强制性，对抑制"搭便车"现象具有重要作用；除了规制合法性，本章也论证了规范合法性、文化-认知合法性在公共物品有效供给中的积极作用与复杂影响。尤其是文化-认知合法性机制提醒我们，人们的公共交往与日常互动并非总能带来社会信任与合作，我们需要深入探讨并引导人们在日常互动中构建积极的共享认知意义，才可能促进公共参与。与规制合法性相比较，规范合法性和文化-认知合法性更深层地嵌入人们日常互动环境的文化土壤之中，并构成关于社会实在的性质的共同理解，以及建构意义的认知框架（斯科特，2010）。从规范与认知合法性的角度，在地方性的情境中，随着不断重复的行动模式逐渐习惯化和客观化，形成有意义的制度框架，这些制度的有力支撑就在于人们的共享价值与文化框架。我们在考察公共物品供给中的制度实施时，不能忽视规范和文化-认知合法性机制及其外在的文化框架。在现代化进程的背景下，我们尤其要重视极速的社会变迁带来的文化断裂可能在很大程度上局限了我们对规范和文化-认知合法性的重视与考察。今后的研究可以开展更深入的个案分析，充分挖掘内嵌于村庄已有文化、承载共享价值的规范和文化-认知合法性对人们实践行动的深层影响。

最后，规制、规范和文化-认知三大合法性机制的不同组合对制度有效实施的影响也值得我们进一步讨论研究。基于斯科特所区分的三大合法性机制理论，本章分别论证了规制、规范与文化-认知三大合法性机制对公共物品供给制度实施的影响，但我们不能忽略的一个事实是，在现实生活中的大多数时候，并非某一项单独的合法性机制在起作用，而是三大合法性机制的不同组合一起发挥作用。三大合法性机制的组合将为制度提供强有力的支撑（斯科特，2010）。本章论证了在北京村庄公共物品供给的组织中，"一事一议"制度带来的规制合法性，村庄共同体带来的规范合法性以及财务公开、日常交往、邻居信任等带来的文化-认知合法性，三者结合为增进人们公共物品供给参与意愿提供了有力支撑。但同时，斯科特也指出，在某些情境中，可能存在一种合法性机制单独运行，并支撑整个制度实施的情况；另一些情境中，某种合法性机制可能被假定为首要的制度要素。值得注意的是，三种合法性机制之间可能出现错误的组合，并导致不同的选择和行为。正如有学者所指出的："在认知性、规范性和规制性的制度支持没有很好结合的地方，它们所提供的资源可能被不同的行动者用来获取不同的结果。"（Strang & Sine，2002）如此，可能出现制度安排的失效并极有可能导致制度变迁（斯科特，2010）。规制、规范和文化-认知合法性机制的不同组合可能给制度实施带来哪些深刻影响？这些问题值得我们持续关注与研究。

第七章
合法性机制的比较研究（下）

一　行动者、制度与农村公共物品供给

农村公共物品供给主要是指，"在农村社区范围内，满足农村公共需求，市场不能提供或不能完全由市场提供，具有非竞争性、非排他性的社会产品或服务"（农业部课题组，2005）。农村公共物品供给事关农村、农民生活发展，一直备受关注。进入后税费时代，国家逐渐从农村社会"退场"，农民日益原子化，导致乡村社会秩序基础的双重衰变，给农村公共物品供给带来较大冲击（刘祖云、韩鹏云，2012）。由此，农村公共物品供给的影响因素及其机制研究，成为学术界关注的焦点议题之一。

综观以往关于农村公共物品供给影响因素的研究，可以分成两类：一类从行动者视角关注村庄政治、经济精英或一般农户特质等对村庄公共物品供给的影响；另一类则从制度视角研究各种正式、非正式制度对农村公共物品供给的影响。

（一）行动者视角下的农村公共物品供给

农村社区和农民是农村公共物品供给的重要力量，它们负担了农村公共物品供给的绝大部分（张林秀等，2005a，2005b）。这种村社自足的状态也被称为内生型公共物品供给（董磊明，2015），主要关注农村、农民作为主

体的公共物品供给。首先，行动者视角关注到了村庄精英作为组织者对农村内生型公共物品供给的重要作用。在传统社会，以士绅为主导的村庄精英为公共物品供给的"村社自足"模式提供了组织基础（刘祖云、韩鹏云，2012）。到了后税费时代，农村内生型公共物品主要依靠村庄精英的组织和推动（杜增艳、陈红艳，2007；贺雪峰，2011；陈柏峰，2016）。还有研究指出，通过鼓励村庄精英成为集体合作的领导者，制定相关监督奖惩措施，将促进村庄合作完成公共物品供给（黄茜等，2015）。有学者通过量化数据分析发现，富人治村可以显著提高农村公共物品供给水平（张志原等，2019）。其次，内生型公共物品供给的发生，离不开农民的合作行为。行动者视角的研究也关注农民参与农村公共物品供给的影响因素。已有研究表明，农民的公共物品供给满意度（李燕凌，2008）、农民的收入水平（朱玉春等，2011）、农民的选举投票参与情况（张同龙、张林秀，2013）和社会信任（蔡起华、朱玉春，2016）以及其年龄、受教育水平与社会身份等个体和家庭特征因素（钱文荣、应一逍，2014）均会对农民参与公共物品供给产生显著影响。

（二）制度视角下的农村公共物品供给

农村公共物品供给研究的制度视角由来已久。已有研究论证了正式制度和非正式制度均会对农村公共物品供给产生重要影响。首先，正式制度视角。一些学者（林万龙，2002；刘祖云、韩鹏云，2012）总结了我国公共物品供给制度，认为在我国农村公共物品供给中，制度外筹资机制的不合理和供给行政制度的缺失给农村公共物品供给带来许多困境。另有学者关注到农村民主选举制度的实施，在一定程度上会增加村庄公共物品供给（张林秀等，2005a，2005b；Tsai，2007a；罗仁福等，2006；孙秀林，2009）。还有研究发现，"一事一议"、项目制等正式制度安排，促进了村庄公共物品的供给（李秀义、刘伟平，2015；罗仁福等，2016；周密等，2017a）。其次，在中国部分农村地区，包含宗族以及地方习俗等非正式制度。不少研究也证实了这些非正式制度对农村公共物品供给具有积极影响（彭玉生，2009；孙秀林，2011；温莹莹，2013；Xu & Yao，2015）。比如 Tsai、孙秀林等的研究论证了宗族网络等非正式制度会对公共物品供给组织者形成道德压力，从而增加村庄公共物品供给。有个案研究表明，村庄习俗、道德等非正式制度会促进人们在公共物品供给中的参与行为。还有研究将寺庙、宗族网络等要素视为非正式制度，两者相互补充，增强组织成员的凝聚力，从而增加公共物品供给（郭云南、王春飞，2017a，2017b）。

（三）制度合法性机制与农村公共物品供给

上述文献综述展现了农村公共物品供给中的行动者视角与制度视角，行动者视角强调了村庄精英与农民的某些特征因素对村庄公共物品供给的重要影响，而制度视角则主张村庄中的基层民主、宗族网络、习俗惯例等正式与非正式制度要素对公共物品供给发挥不可忽视的作用。不过，已有制度视角的公共物品供给研究，似乎预设了任何一项制度安排一定可以发挥约束组织与行动者的作用，但事实上并非如此，我们在现实中也可能发现某些制度实施效果甚微。

因此，在制度视角下，我们可能面临的一个问题是，制度一定会对公共物品供给产生影响吗？新制度主义理论在研究制度绩效问题时，提出了合法性的概念（Meyer & Rowan，1977；DiMaggio & Powell，1983），即一项制度在实施过程中会面临合法性问题。伯格与拉克曼认为，制度的合法性并不是一开始就具备的，制度化的活动随着行为模式的不断重复而形成，制度的合法性将随着实践逐步累积而成（Berger & Luckmann，1967）。玛丽·道格拉斯从人类学的视角研究了制度合法性问题，她认为制度合法性的核心在于人们接受共同的规范、意义认知等（Douglas，1986）。理查德·斯科特认为，组织或一项制度若想要在社会环境中存续发展，除了物质资源和技术信息之外，还特别需要得到社会的认可、接受与信任，新制度主义理论将其称为制度的合法性（Scott et al.，2000）。同时，斯科特也讨论了制度的三大基础要素分别对其合法性提供了不同的支撑。他总结了不同社会理论家先后把规制性（regulative）、规范性（normative）和文化-认知性（cultural-cognitive）定为制度合法性的三大主要机制（斯科特，2010）。制度的合法性机制主要由法律制裁、道德支配以及深层的文化支持构成。不同制度的合法性机制构成不同（斯科特，2010）。

从以上理论看，制度合法性机制视角突破了以往只关注行动者或制度的单一研究视角，将公共物品供给中的行动者与制度结合起来，既探讨某项正式或非正式制度对行动者的制约作用，也研究公共物品供给中行动者对相关制度安排的认知、反应以及认同接纳程度。笔者将借鉴制度合法性机制理论，研究村庄公共物品供给相关的制度安排是否面临合法性问题？探索村庄公共物品供给的制度安排可能具备哪些具体的合法性机制？斯科特总结的关于制度的三大合法性机制，为本章提供了具体的研究视角。

二　村庄公共物品供给组织及其制度

（一）村庄公共物品供给

本章的实证数据主要来源于 2010 年 8 月至 2011 年 8 月以及 2016 年 7 月至 2017 年 8 月在个案村庄的田野调查。研究结合问卷法与访谈法考察个案村庄的公共物品供给情况。笔者以户为单位，在 8 个自然村随机抽取样本并总共发放 120 份问卷，回收有效问卷 109 份。所收集数据主要是关于村庄 2000~2010 年 10 年间村庄公共物品的供给情况以及涉及的相关组织和制度安排。

个案村庄是单姓宗族村庄 T 村，村庄大姓主要为 W 氏，由 8 个自然村组成，现有农户 708 户，总人口为 2486 人。村庄以农业生产为主，无集体收入。通过研究，笔者将村庄 2000~2010 年主要的公共项目以及公共集资情况汇总如表 7-1 所示。

表 7-1   2000~2010 年 T 村公共物品供给概况

时间	公共项目	集资范围	集资数额	集资主要组织者
非生产性公共物品/项目				
每年例行	"四月十"地方神诞庆	各个自然村内部	数万元不等	头家
每年例行	元宵祭神	各个自然村内部	数万元不等	头家
每年例行	冬至祭祖（W 氏太祖）	8 个自然村轮流负责，自然村内部集资	数千元	头家
2000 年	修建宗祠、地方神宫殿	8 个自然村	十几万元	W 氏理事会+头家
2001 年	修建圣母宫殿	8 个自然村	十几万元	W 氏理事会+头家
生产性公共物品/项目				
2003 年	修建行政水泥村道	8 个自然村	四十几万元	村干部+头家
2004 年	自然村水泥村道 t	自然村 t 内部	二十几万元	头家
2004~2005 年	自然村水泥村道 z	自然村 z 内部	二十几万元	头家
2005 年	自然村水泥村道 d	自然村 d 内部	二十几万元	头家

我们从表 7-1 中看到，2000~2010 年，村庄的公共物品供给主要包括每年例行的非生产性公共物品/项目供给，如地方神诞庆、祭神、祭祖以及翻修宗祠和地方神宫殿等，也包括生产性公共物品/项目供给，如自然村与行政村道的修建等。集资范围在某个自然村内部或者包括 8 个自然村的整个行政村范围，集资经费从数千元到几十万元不等。最重要的是，其中涉及公共集资的组织者，包括村干部、宗族理事会和"头家"。非生产性公共物品/项目主要由宗族理事会和"头家"负责组织动员筹资；生产性公共物品/项目供给的筹资者主要是村干部和"头家"。

（二）村庄公共物品供给制度及其绩效

村庄所有公共物品供给的集资，主要涉及三方主要组织者以及相对应的三项正式或非正式制度的实施，即村干部与村庄民主选举制度、宗族理事会与宗族制度以及"头家"与"头家轮流制"。接下来，笔者将考察三项制度实施的组织绩效是否存在较大差异。笔者在问卷中主要考察了村民在不同公共物品供给中筹资筹劳的参与情况，参与方式包括捐

资和投入义务工作。表7-2详细列出了村民在各项公共物品供给中的参
与水平。描述性数据统计显示，人们在不同制度、不同组织者负责的公
共物品供给中的参与水平存在明显差异。其中，村干部负责组织的公共
物品供给，人们的参与水平较低，如村干部组织的行政水泥村道修建，
只有28.4%的村民参与捐资或义务工；而"头家"负责的各项公共物品
供给，村民的参与水平普遍较高，参与率大部分高于80.0%，最高参与
率达到100.0%（见表7-2）。

表7-2　不同制度的组织绩效：村民在修路、宗族公共物品供给中的
参与水平（实际参与情况）

单位：%

项目/参与情况	没有参与 （捐资/义务工）	实际参与 （捐资/义务工）	集资范围	集资主要组织者
2003年修建行政水泥村道	71.6	28.4	8个自然村	村干部+头家
2004年自然村水泥村道t	6.3	93.8	自然村t内部	头家
2004~2005年自然村水泥村道z	0.0	100.0	自然村z内部	头家
2005年自然村水泥村道d	27.7	72.3	自然村d内部	头家
"四月十"地方神诞庆	2.8	97.2	各个自然村内部	头家
元宵祭神	3.7	96.3	各个自然村内部	头家
2000年修建宗祠、地方神宫殿	17.4	82.6	8个自然村	W氏理事会+头家
2001年修建圣母宫殿	18.3	81.7	8个自然村	W氏理事会+头家

笔者面临的问题是，村庄公共物品供给中不同的组织者与不同制度，为
何会产生不同的制度绩效？根据已有的研究，这里的民主选举制度是正式制
度，宗族制度与"头家轮流制"是非正式制度。进一步的数据分析发现，
村民对公共物品供给相关的三项不同制度及其组织者的信任程度不同：
75.2%的村民对"头家轮流制"的"头家"非常信任，而对宗族理事会和
村干部非常信任的比例分别只有8.3%和7.3%（见表7-3）。由此，我们发
现，人们对不同制度的信任程度不同，与这项制度是正式制度还是非正式制
度并无太多关联。综上，本章的案例分析，未能充分论证一项制度的实施绩
效与其是正式制度还是非正式制度之间存在显著关系。

表7-3 村民对"头家"、W 氏理事会以及村干部的信任情况

单位：%

信任程度	"头家轮流制"及其"头家"（非正式制度）	宗族制度及其 W 氏理事会（非正式制度）	民主选举制度及其村干部（正式制度）
很不信任	0	0	0.9
比较不信任	0	5.5	6.4
一般	1.8	34.9	36.7
比较信任	17.4	47.7	47.7
非常信任	75.2	8.3	7.3

注：因部分数据（无效填写的）未呈现，故百分比总和不足100%。

三 制度合法性机制比较研究

新制度主义理论在研究制度绩效问题时，提出了合法性的概念（Meyer & Rowan，1977；DiMaggio & Powell，1983），即一项制度在实施过程中会面临合法性问题。斯科特认为，制度的合法性是一种反映被感知到的，与相关规则和法律、规范支持相一致的状态，或者与文化-认知性规范框架相亲和的状态（斯科特，2010）。根据他的理论，制度由规制性、规范性、文化-认知性三大要素构成，它们所对应的合法性机制分别为法律制裁、道德规范和深层的文化支持（斯科特，2010）。同时，斯科特也指出不能忽略的一个事实是，在现实生活中的大多数制度的实施，并非某一项单独的合法性机制在起作用，而是三大合法性机制的不同组合一起发挥作用。在一些情境中可能存在一种合法性机制单独运行，并支撑整个制度实施的情况；在另一些情境中，某种合法性机制可能被假定为首要的制度要素，且不同合法性机制对制度实施绩效的影响可能存在差异（斯科特，2010）。斯科特的制度合法性机制理论给笔者许多有益启发，笔者将借鉴他的理论，浅析个案村庄公共物品供给涉及的民主制度、宗

族制度以及"头家轮流制"分别具备哪些合法性机制，并开展比较研究。

（一）民主选举制度：规制合法性

从表 7-1 中我们可以看到，村干部是村庄行政水泥村道修建的主要组织者之一。村干部被期待应在村庄各项公共物品供给中起到主要的动员和组织作用。自 1990 年以来，农村民主选举制度成为中国乡村治理的基本政治制度。由村民选举产生的村委会，在村庄治理及其公共物品供给中发挥了不可替代的重要作用（张志原等，2019）。

制度的规制合法性，主要是指正式与带有强制性质的规章制度。个体所处环境中的不同制度，对个体行为存在直接有效的影响。美国施奈普、圭伦（2008）的研究中将规制合法性操作化为公司法（正式制度），笔者认为村庄民主制度在组织公共物品供给中的主要合法性支撑在于其规制合法性。1988 年开始实施的《中华人民共和国村民委员会组织法》明确规定，村委会与村干部在任职期间，必须承担为村庄提供公共物品、服务村庄等职责（O'Brien，1994）。已有研究表明，在村庄民主选举制度下，还将产生相应的村民代表会议、村民议事会以及村务监督委员会等，这些制度的设置安排，显著增加了村庄公共物品供给（Tsai，2007a，2007b；孙秀林，2009）。更有研究指出，在国家公共财政投入有限、制度外筹资公共物品供给制度不足的情况下，是村干部承担起组织村庄公共物品供给的重要职责（Tsai，2007a）。有学者的研究论证了村庄民主选举制度出台越早、制度规范越明确，村庄的治理绩效、公共物品供给水平越高（Huhe & Tang，2017）。规制合法性机制强调的是强制性的规章制度以及对应的奖惩措施，在案例村庄中，仅由规制合法性支撑的民主制度在公共物品供给的组织中效果十分有限（见表 7-2）。访谈中，笔者发现，2003 年修建行政水泥村道的筹资，开始仅由村干部组织动员，只有 28.4% 的村民参与了，后期不得不转交给各个自然村的"头家"组织动员，才成功筹集了四十几万元的资金（访谈编号：201608CGB）。

（二）宗族制度：规范合法性

笔者所选的个案村庄是单姓宗族村庄。村庄保留了大量与 W 氏宗族相关的传统习俗与公共活动。对各项纷繁复杂的宗族活动及事务的治理，要求宗族内部具备相对固定的组织形式，并在此基础上形成一定的权力结构（林耀华，2000）。不过本章中的单姓宗族村庄，历史上并未成立相关宗族组织，也无相关正式规章制度。W 氏理事会于 1997 年成立，对村庄各项公共物品供给的组织能力相对有限（见表 7-1）。

新制度主义理论认为，在不同的情景下，制度界定了合法的、可接受的、适当的和合理的行为（Scott & Christensen，1995）。从规范的角度看，一种经济实践的合法性在于它符合各种行为主体在具体情境下所认同的价值和规范。在很多社会场景中，社会成员的价值与规范是不同的。施奈普、圭伦的研究认为，研究一个组织的规范合法性机制，有必要分析组织中哪些是主导的价值和规范，所有成员的价值、规范等是否统一等问题（施奈普、圭伦，2008）。早期社会学家常关注诸如亲属群体（宗族）、社会阶层等结构类型，在这些类型中，可能存在共同的信念和价值观，这些信念和价值观即为制度规范性机制（斯科特，2010）。在本章中，笔者主要考察亲属群体结构，即宗族制度。按照以上理论，当人们属于村庄中的大姓亲属群体结构/单姓宗族，其价值规范越可能与村庄整体的价值规范相统一。宗族制度的主要合法性支撑在于规范合法性机制，这种机制为人们提供了较为统一的伦理道德、价值规范。

（三）"头家轮流制"：文化-认知合法性

在对村庄各项宗族性公共活动的具体考察中，笔者发现了村庄中自发生长的非正式制度"头家轮流制"。"头家轮流制"源于村庄的单姓宗族特质。追溯村庄历史，村庄最早只有一户 W 氏大族，因逃避战乱，于南宋期间从北方迁至此地，后不断开枝散叶，形成了现在的 8 个自然村。因自然村坐落于不同的小山头，较为分散，不便组织所有村落参与各项宗族公共活动，尤其是大型祭祖活动。同时，村庄缺乏以族房制和祠堂会为基础的宗族组织。

非正式制度"头家轮流制"便逐渐发展起来并替代宗族组织担负起村庄公共治理的责任。所有与宗族相关的公共活动都以"头家轮流制"的方式组织与开展。"头家"正是来源于"头家轮流制"（温莹莹，2013）。这项非正式制度被运用在村庄公共物品供给的组织中，笔者在表 7-1 中看到，村庄所有公共项目集资的组织者中，都有"头家"参与。

文化-认知性要素强调行为选择被（关于现实的）知识所限制和充实（Scott & Christensen，1995）。认知框架帮助行为主体理解现实，并帮助行为主体展开对其有意义的行动。意义在行为主体的互动过程中产生，并且在对现实的阐释中被接受，进而得以延续。影响文化-认知合法性的两个因素为确定性和参与者的日常互动（施奈普、圭伦，2008）。

确定性取决于"游戏规则"的可预见性。比如，在公共物品供给中对制度规则的熟悉程度。首先，在村庄延续了数百年的"头家轮流制"，虽是非正式制度，但全民参与的、在两个层次上的次序轮流，确保了村民对此项制度规则的熟悉与认同，透明熟悉的制度规则可为他们在村庄公共物品供给组织中提供一定的可预见性，对组织者及其他参与者保持充分的信任；其次，涉及的另一项重要"游戏规则"是公共财务信息是否公开，已有研究表明，信息公开有助于异质偏好个体的行为趋同而达成合作（连洪泉等，2016）。"头家轮流制"的财务管理始终坚持信息公开透明。每一任的"头家"在所负责组织的相关公共活动结束后，需要在村庄公共大堂里将财务信息（其中涉及捐资总额、各项开支明细以及剩余经费等详细信息）移交给下一任"头家"，这个过程接受全村村民的在场监督。"公共资金完全实行财务公开，由全村村民监督。"（访谈编号：201608WRL）

"头家轮流制"在村庄已运行数百年之久，人们不仅熟悉这套非正式制度的各项运行规则，还在制度化的公共活动中，形成了对"头家轮流制"的共同认识与意义建构（温莹莹，2013，2020）。正如以往研究所指出的，只有形成确定性及相关群体的经验（施奈普、圭伦，2008），公共物品供给才能被群体成员有效组织。

综上，基于制度合法性理论与施奈普、圭伦（2008）的实证研究，笔者对在村庄公共物品供给中发挥作用的民主选举制度、宗族制度以及"头家轮流制"的合法性机制比较研究总结如表7-4所示。

表7-4　制度合法性机制比较研究

制度	民主选举制度	宗族制度	头家轮流制
制度性质	正式制度	非正式制度	非正式制度
组织者	村委会、村干部	宗族理事会	头家
主要合法性支撑	规制合法性	规范合法性	文化-认知合法性
合法性机制	奖惩监督等强制性规章制度	规范、伦理等支撑的认同感、共同价值观	确定性、日常互动构建的积极意义认知
制度信任	比较信任	比较信任	非常信任
合法性机制效果	较弱	较强	非常强

制度信任参考的是表7-3中的内容，村民对头家轮流制的信任程度，主要集中在"非常信任"，比例达到75.2%；对民主选举制度和宗族制度的信任情况，主要集中在"比较信任"，比例均为47.7%。对制度合法性机制效果的考察，主要参考表7-2中不同制度下村民在村庄公共物品供给的参与水平。"头家轮流制"在文化-认知合法性机制支持下，组织村民参与公共物品供给，最高的参与率达到100.0%，大部分参与率高于80.0%；宗族制度在规范合法性机制支持下，参与率为80.0%左右；民主选举制度在规制合法性机制支持下，村民的参与率较低，只有28.4%。换言之，本章中不同要素对制度合法性的支撑效果存在一定差异。文化-认知合法性机制对制度实施效果的支持力度最大，规制合法性机制所起到的效果相对较弱，而规范合法性机制对制度实施所起到的效果处于中等水平。

四　小结

中国农村公共物品供给问题一直备受关注，相关研究成果不胜枚举。当前，在乡村振兴背景下持续研究村庄公共物品问题仍具积极意义，乡村振兴离不开公共物品的有效供给。以往关于农村公共物品供给影响因素的研究，主要集中于行动者与制度两大视角。行动者视角关注农村公共物品供给主体的行动者，如乡村政治、经济精英或一般农户的个体特质对公共物品供给的影响；关注制度视角的学者重视各项正式或非正式的制度安排对人们参与村庄公共物品供给的影响。不过，已有研究可能忽略的一个事实是，并非每一项制度安排都将产生有效影响。本章的案例研究即发现，村庄中与公共物品供给紧密相关的三项制度安排，其制度实施效果存在较大差异。有的制度实施效果甚好，有的制度实施却收效甚微。案例村庄中的非正式制度"头家轮流制"对人们参与公共物品供给的组织效果，明显高于宗族制度与民主选举制度。笔者借鉴新制度主义的制度合法性理论，认为在不同制度中起主导作用的合法性机制不同是导致制度效果存在差异的重要原因。由此，笔者对三项制度所主导的不同合法性机制展开具体比较分析。研究发现，民主选举制度、宗族制度和"头家轮流制"对应的主导合法性机制分别为规制合法性机制、规范合法性机制与文化-认知合法性机制。在本案例中，文化-认知合法性机制对制度实施效果的积极作用，明显高于规范合法性机制与规制合法性机制。

由此，今后对组织或制度的相关研究，需要具体考察制度的主要合法性机制来源，如此才能对制度的实施效果等相关问题有清晰透彻的把握。本章的另一个启发在于，在相关研究中要对文化-认知合法性机制格外重视。社会学家很早就关注到组织中的制度问题，如塞尔兹尼可早在 20 世纪中期就研究了组织活动的制度化问题（Selznick，1948）；同一时期，帕森斯也关注到了制度的合法化功能，他认为制度型组织主要关注组织与社群、社会规范及习俗之间的联系。每个组织都是某个更大的社会系统的一个子系统，这种更大的社会系统是组织的意义、合法性之根源，是使组织目标得以实现的更高层次的支持根源（Parsons，1960）。社会学的新制度主义学派更是将合法性问题作为制度研究的核心问题。他们借鉴认知理论与文化理论，尤其强调行动者对外在规范的内化及其符号系统的意义认知显著影响其对制度的认知与实践（斯科特，2010）。笔者的研究结论也更多落脚于对文化-认知合法性机制的强调。文化-认知合法性对制度实施效果的积极意义值得持续关注。正如新制度主义理论指出的，人们的行为不仅受其对规则与规范运行的关注的影响，也受其共同的情境界定与共同行动策略的影响（斯科特，2010）。强调和关注认知结构与文化框架而非规范系统，是社会学的新制度理论的一个显著特征（DiMaggio & Powell，1991）。

第八章
公共物品供给研究的群体结构视角

本书从第二章到第七章重点考察和论证了制度合法性机制的规制性要素、规范性要素和文化-认知性要素对人们公共物品供给参与的影响。以往关于公共参与或集体行动的研究，主要聚焦于个体视角，而对个体之外的群体结构等视角相对忽略。然而，在相关文献阅读和田野调研中，笔者发现在个体视角之外的群体结构视角也是影响人们公共参与和集体行动的重要因素。因此，在本书最后，笔者尝试在公共物品供给和集体行动研究中引入群体结构视角进行相关讨论，以作为对公共物品供给研究的新探索。

一　公共物品自我供给的个体视角

公共物品供给问题一直备受关注。美国著名经济学家保罗·萨缪尔森分别于 1954 年和 1955 年发表的《公共支出的纯粹理论》和《公共支出理论的图式探讨》提出并部分解决了公共物品理论的一些核心问题。他在《公共支出的纯粹理论》一文中将公共物品（public goods）定义为：每一个人对这种物品的消费并不减少任何他人对这种物品的消费（Samuelson，1954）。这一描述成为经济学关于纯粹公共物品的经典定义。公共物品是与私人物品相对应的一个概念，指的是一经产生全体社会成员便可以无偿共享的物品，它具有非竞争性和非排他性特征，一般不能或无法有效通过市场机制由企业或个人来提供，主要由政府提供。但再强大的政府也无法包揽所有的公共物品供给，现实中常常出现需要社会组织提供公共物品的情况，这类公共物品的供给为"自我供给"，笔者所要探讨的即公共物品的自我供给。公共物品区别于私人物品的特殊属性使社会自我供给的有效性难以得到保障，特别是经济学家奥尔森（Olson，1965）所发现的"搭便车"现象的出现，大大弱化了社会自我供给公共物品的可能性。这便是奥尔森所提出的"集体行动困境"。他在《集体行动的逻辑》中，集中讨论了集体行动困境问题，即关注人们在公共物品供给参与合作中的"搭便车"问题。他认为，每个理性利己的人，都有不劳而获、试图坐享其成的"搭便车"倾向；而且集体行动中的人数越多，其成员"搭便车"的概率越大，即集体规模与成员个体公共物品投资的边际效益等决定了公共物品的自我供给水平。公共物品供给中的集体行动困境将普遍存在的个体利己主义与社会公共利益之间的内在冲突凸显出来。几乎所有的社会学科关注到了这个问题，并试图提供不同的解决方案。

政治学寻求政府与正式制度的作用，认为公共物品的非竞争性与非排他性，会产生公共物品自我供给不足的情况，因而需要政府介入。以治理和国家-社会关系理论为主要代表，其观点认为政府是公共物品供给的主体，良好的经济绩效与制度绩效，可以促进政府提供更为优质的公共物品与公共服务。尤其是正式设计的民主制度，可以有效克服官员责任困境，提升公共治理水平。良好的公共治理，依赖于能发展出一套行之有效的正式民主和科层制度，对官员进行有力监督和制裁（O'Donnell，1996；Rose-Ackerman，2005；Seabright，1996）；奥斯特罗姆则发展出公共事务的自组织治理理论，强调经过良好设计的正式制度可以有效克服集体行动中"搭便车"所带来的公共资源滥用悲剧（Ostrom，1990）；美国学者Lily Tsai，在解释公共治理绩效中，虽然补充了正式制度之外社会因素的重要性，但仍以强调政府在公共物品供给中的主体作用。她的研究表明，以连带团体（solidary groups）为特征的非正式组织/制度供给是中国农村公共物品供给的重要来源，但不能以此替代正式制度的供给（Tsai，2007a）。

除了政治学主张政府供给作为主体之外，其他学科关注在政府之外的私人供给，即社会组织/个体的自我供给。经济学在面对这一问题时，主要从理性人假设出发，关注市场与竞争的功能。在经济学中，把对个体超理性的假设作为分析前提（扬，2008）。在缪勒的分析中，正是公共物品的连带性和非排他性性的特性，诱发理性个体成员在公共物品供给中的"搭便车"与不合作行为，进而影响公共物品的有效供给。由此，研究者们广泛讨论用囚徒博弈困境模型来解释与分析理性个体在公共物品供给中的不合作行为（缪勒，2010；Taylor，1976；Coase，1960；布坎南，2009；Olson，1965；Ostrom，1990）。周业安等人开展的一系列实验研究，分别探讨了公共物品覆盖人群规模大小、个体投资于公共物品的边际收益、个体的异质性、社会角色、社会偏好、初始禀赋和社会关系等对于公共物品自愿供给以及个体的亲社会行为的影响（宋紫峰等，2011；周业安等，2013；Fischbacher & Gachter，2006，2010；Fischbacher，2007），其中，理性经济人假设也贯穿整个实验研究。

心理学在关注公共物品自我供给的社会困境中，主要研究个体的利他主义动机以及关于同情、感激等情绪的来源。关于社会困境中的动机研究，关注最多的是社会价值取向（social value orientation），即人们对自己结果和别人结果的相对稳定的偏好。其中，合作与利他主义动机合称为亲社会动机（刘长江等，2007）。已有的研究表明，亲社会者因集体观念、合作道德观等社会价值取向而更偏向于在公共物品供给困境中采取合作策略（Kopelman et al.，2002；Weber et al.，2004）。同时，已有研究表明，个体对他人合作行为的预期是影响其合作的重要中介变量之一（De Cremer et al.，2001；De Cremer & Van Dijk，2002；王沛、陈莉，2011）。

以上从政治学、经济学到心理学，不论从哪些角度关注并发展出的相应理论，都是在个体层面探讨在政府之外公共物品自我供给的集体行动困境问题，而社会学研究则强调，在公共物品供给的社会困境中，个体的合作与亲社会行为在很大程度上受到个体外在力量的影响。换句话说，我们更关注能否超越个体化去理解个体在公共物品供给中的合作与亲社会行为？由此，本章试图主要介绍伯格（Berger Joseph M.）、罗伯·维勒（Robb Willer）等学者开创与发展的身份地位特征理论，从群体结构、群体动机等视角讨论公共物品的自我供给问题，并在此基础上对公共物品自我供给的群体结构视角做简要评述。

二　从个体到群体结构视角

关于公共物品供给问题，社会学的研究主要关注外在于个体的普遍存在的社会规范、社会关系网络的结构特征以及社会声望等个体间独特的互动机制对其在公共物品供给中的合作行为的影响（Willer，2015）。首先，当前大部分的研究主要关注指令性与强制性的规范（injunctive norms）如何影响个体在公共物品供给中的合作行为（Horne，2009；Benard，2012），不仅关注自上而下的中央权威/正式制度规范的监督制裁机制，也关注在个体成员之间自下而上、非正式的监督制裁机制（Horne，2009；温莹莹，2013；Xu & Yao，2015）；随着社会学研究越来越关注社会行为与经济行为的互动关系，更多的研究关注到了市场经济规范以及更广泛的制度环境如何影响人们的价值观与行为变化，改变人们对何为道德与不道德的认知，由此影响他们在公共物品供给中的参与及合作（Tsai，2007a；孙秀林，2011）。其次，社会关系网络也是不可忽略的促进人们合作的影响因素。许多研究表明，社会关系网络可以通过传播信任等间接促进合作（Glanville et al.，2013；Welch et al.，2007）。已有研究表明，通过社会关系网络传播的亲社会行为是基于社会交换中的普遍互惠，即个体从某个组织受益时并不直接给予回报而是通过给予另一个组织恩惠作为回报（Takahashi，2000；Putnam，1993，2000）。还有学者认为，交换体系培育着这种互惠行为，并将培育出更高水平的社会团结，而社会团结又将促使人们产生合作与贡献等亲社会行为（Simpson et al.，2012）。最后，海外近几年来关于合作行为的研究，关注最多的影响机制是社会声望，其中个体的社会身份地位，则主要被界定为个体在群体层级中的相关地位，如威望、荣誉与尊敬等。而研究地位的学者们主要关注个体在群体中的威望分层（Barclay & Willer，2007）。研究者们已经发现具备亲社会声望可以给个体带来一系列益处，如他们更容易被信任、被敬重、他人更易与其合作、更具有影响力，且具备社会声望可以带来丰厚的回报预期，并大大促进个体的合作（Hardy & Van Vugt，2006；Barclay & Willer，2007；Willer，2009）。

社会学对公共物品自我供给的集体行动困境研究，不仅关注个体之外的社会因素（社会规范、社会关系网络以及社会声望），更是将视角从个体化逐渐转移到群体结构以及群体动机等方向上。比如，关于社会关系网络的研究，不仅关注社会关系网络增进个体的社会信任与社会资本等要素对个体在公共物品供给中的积极影响，也开始关注个体在社会关系中的位置、社会关系网络大小及密度等群体结构特征对个体在公共物品供给中的合作与亲社会行为的影响（Macy，1991；Pfaff，1996；Paxton & Moody，2003；Branas-Garza et al.，2010；Passy & Monsch，2014）；同时，当大部分研究关注社会声望时，有些研究开始将贡献、公共物品供给与特定地位联系在一起。社会学研究从社会规范、社会关系网络以及社会声望等视角关注公共物品供给中个体的合作行为时，已有大部分研究集体行动的学者预设了群体中所有成员的身份地位是一致的，然而，人类群体从来就不会是完全同质化的。在现实生活中，即便这种情况存在，也是非常稀少的。已有研究发现，群体成员常常因为威望与身份地位不同而出现分层，分层形塑着群体成员的不同行动模式，并对群体动力以及群体决策具有强有力且持续性的影响（Willer et al.，2012）。

三　群体结构视角的发展及其解释

关于公共物品自我供给的集体行动困境问题，笔者梳理了不同学科从个体到群体结构视角、从个体同质性到异质性的假设与阐释，由此引出群体结构中个体的身份地位分层与集体行动困境之间的紧密联系。但需要进一步回答的是，群体结构特征能够解决公共物品自我供给中的合作问题、减少"搭便车"现象的动力机制是什么？这里，笔者将借鉴美国学者伯格所开创、并由罗伯·维勒等学者进一步发展的身份地位特征理论，详细阐释群体结构特征在克服公共物品自我供给中集体行动问题的动力机制。

1. 基于身份地位特征的群体结构视角

维勒在阐释群体结构特征与集体行动问题的联系中，开宗明义地提出，他们的研究所依托的主要理论即伯格等在 20 世纪 70 年代所开创的身份地位特征理论（Berger et al.，1977；Simpson et al.，2012）。20 世纪 50 年代，贝尔斯（Bales）通过一系列观察研究发现，非正式任务群体成员经过一段时间的交往后，在参与群体活动的机会和频率、对群体决策的影响力以及个人声望等方面就会表现出明显的差异。这样的互动一经形成就相对稳定，参与互动的群体成员一般会做出与其身份地位相符的互动行为。20 世纪六七十年代，美国社会心理学界开始发展出期望状态理论（expectation state theory），一个试图从人际互动角度去探讨地位结构形成、维持和影响的理论。期望主要受到三种因素的影响：身份地位特征（status characteristics）、社会回报（social rewards）以及行为互换模式（behavioral interchange pattern）。身份地位特征从根本上决定着期望；社会回报也可以促成或改变人们的期望；当人们的身份地位特征和社会回报都相似时，行为互换模式对期望的作用就开始显现（赵德雷，2011）。

经过半个多世纪的发展，期望状态理论已发展为一整套相互关联的分支理论。由伯格所发展的身份地位特征理论，即其中的一项分支理论。伯格（Berger）与科纳（Conner）在 1974 年发表的文章中系统阐述了权力声望等级的形成过程。他们认为，个体绩效产出（performance outputs）为他人认可的比率决定了他的绩效期望。身份地位特征理论大量探讨了身份地位不平等如何形塑了群体的互动模式（Berger et al.，1966，1977）。他们预设了两种不同的身份地位特征：弥散性身份地位特征（diffuse status characteristics，如种族、性别、受教育程度等特征）与具体/特殊身份地位特征（specific status characteristics，如数学、维修能力等具体技能特征）。当群体成员面临共同的任务时，与当前任务密切相关的地位特征以及任何能将行动者区分开来的地位特征就会马上凸显出来。面对多种地位特征时，行动者会将多种地位特征的信息综合在一起形成绩效期望（聚合加总假定 aggregation assumption）。综合而成的期望状态便直接决定了群体内的权力声望等级（基本期望假定 basic-expectation assumption）。任一行动者权力声望的高低，都是其在期望上的优势或劣势的必然结果（Webster & Driskell Jr，1978）。那些高身份地位的群体成员总是被认为拥有更多的行动机会、产出更多的绩效及获得更多的回报，也更少受到其他成员意见的影响并对其他成员产生更多积极影响（Berger et al.，1977）。有关群体内权力声望等级的很多实验研究将影响力作为标示个体绩效期望、衡量其地位高低的重要指标（Ridgeway，1984，1987；Ridgeway & Berger，1986；Butler & Geis，1990）。因为行动者总是依据自身与对方的相对地位，做出符合自己权力声望级别的行为。所以，地位高的人影响力也大（赵德雷，2013）。

身份地位分层及其所带来的行动模式，是否有助于解决公共物品自我供给中的集体行动困境问题呢？已有的研究表明，不论从群体层面，还是个体层面，都可以论证群体身份地位分层能够有效促进群体公共物品的自我供给。

首先，群体层面，存在身份地位分层的群体，可同时解决集体行动中的"启动"和"搭便车"问题，由此促进群体的公共物品供给。研究表明，在个体具备协调合作激励的群体中，身份地位分层可以使得群体受益（Clark et al.，2006；Ermakoff，2008）。有些实验的结果表明，身份地位分层可以作为群体中集体行动的协调机制，由此解决群体的集体行动困境问题（Eckel & Wilson，2007；De Kwaadsteniet & Van Dijk，2010）。比如维勒的研究表明，那些为群体做贡献的个体将获得更高的地位，高地位反过来通过强化个体的亲群体动机又让个体在今后对群体做出更多贡献（Willer，2009）。另一项社会学研究探讨了群体中的身份地位分层如何通过协调成员的合作而达成集体行动的成功。他们强调三大理论延伸出的预设，认为具备身份地位分层的群体将产生更有效的公共物品供给（Willer et al.，2012）。按照维勒等人的实证研究，群体结构视角通过群体成员的身份地位分层结构状态，基于群体动机，可同时解决公共物品自我供给时普遍存在的"启动"与"搭便车"的集体行动困境问题。在这个过程中，不需要过多关注群体成员是否为理性利己的个体、是否需要严谨的制度设计与组织管理以激励个体的合作行为，而仅仅依靠群体成员身份地位分层的结构特征本身即可有效促成公共物品的自我供给。由此，第一，群体结构视角是对已有基于自利个体视角研究的突破和补充。第二，已有研究大多只关注集体行动的"搭便车"困境，而忽略"启动"问题，群体结构视角将"启动"问题一并纳入研究，也强调了其重要性。

其次，个体层面，在群体中占有高地位的人，更愿意主动启动集体行动，并引领低地位的人为群体做贡献。群体中的高地位成员会提高与低地位成员的合作水平，且低地位成员也更愿意与高地位成员进行合作。辛普森等人于2012年借鉴身份地位特征理论建立了一个理论，解释地位不同如何影响群体的集体行为及其产出。他们发现，拥有高地位的人更愿意主动启动集体行动，对群体贡献更多，并对其他群体成员影响更大，引领低地位的人为群体做贡献。由此，通过一系列的影响过程，身份地位分层就与集体行动紧密相连（Heckathorn，1996；Eckel et al.，2010；Simpson et al.，2012）。而这一系列作用的关键，即整个演化过程的起点便是个体的特征，也就是身份地位特征，其指任何能将行动者区分成不同地位的特征，典型的比如性别、年龄、种族、受教育程度等（Wagner & Berger，1993）。维勒在瓦格纳和伯格的身份地位特征基础上，将身份地位（status）界定为：个体在群体中，基于声望、荣誉与敬重的相关位置（Willer，2009）。大部分关于身份地位分层与集体行动的研究，讨论了对集体的贡献如何产生群体成员的不同身份地位（Hardy & Van Vugt，2006；Willer，2009），在这样的模型中，也讨论了不同身份地位分层有时也被作为集体行动中的奖励与选择性激励授予有集体贡献的成员（Willer et al.，2010，2014a，2014b）。

随着身份地位特征理论的发展，越来越多的研究开始关注这一问题。经济学领域也开始重视地位特征带来的可能影响。其一，他们从理论上讨论了地位特征对人们的慈善捐赠行为（Harbaugh，1998）以及市场中的组织活动（Moldovanu et al.，2007）等均会产生影响。其二，通过实验研究论证了地位特征确实会影响人们的自愿捐赠等社会/经济行为（Kumru & Vesterlund，2010；Chen et al.，2017）。还有经济学者通过实验室实验，研究地位差异与信任行为之间的关系（Tsutsui & Zizzo，2014）以及人们的地位差异与认知能力之间的关系（Paetzel & Sausgruber，2018）。新近的一项经济学实验室研究表明，地位差异切实影响着人们的社会合作行为：高地位成员会提高与低地位成员的合作水平，且低地位成员也同意并更愿意与高地位成员进行合作（王一子、周业安，2020）。这实际上从经济学的角度论证了群体地位分层确实可以促进人们的合作行为。

总体而言，人们总是依据自己和他人在特定情境下的显著特征来预期彼此的能力和地位，并据此发生互动。只要某一方占据了当下显著特征的优势状态，他所持有的绩效期望（performance expectation）就高，在互动中的地位也越高。不同地位的个体在特定身份地位特征上分处优劣有别的状态，并拥有高低不一的绩效期望（赵德雷，2013）。被寄予高期望的人往往的确如人们所预期的那样取得出色的绩效，同时也赢得较高的声望，这一结果进一步验证和强化了当初因期望差异所形成的地位分层（Correll & Ridgeway，2003；赵德雷，2010）。借助"期望—行为—身份地位—期望"的循环链条，期望状态理论与身份地位特征理论共同构建了微观的个体认知、互动行为与宏观地位等级之间的关系，并且展现了群体结构中所呈现的身份地位分层且自我维持的过程与深层机制。

2. 新发展：从自利个体到群体动机

期望状态理论主要探讨了群体结构中身份地位分层的形成、维持及其影响等问题，身份地位特征理论关注群体结构中的身份地位分层如何形塑了群体的互动模式（Berger et al.，1966；Berger et al.，1977）。大部分已有研究关注的是为集体做贡献所带来的声望地位等回报，而维勒等人的研究反过来强调身份地位不同将如何影响行动者在集体行动中的贡献与合作表现（Sell，1997；Willer et al.，2012）。维勒认为，要解决公共物品自我供给中集体行动的组织困境问题，除了以往研究所关注的动员理性个体的各种途径之外，还可以有另一种超越个体化的思路。于是，他的多项研究都致力于提供另一解决方案：从动员理性个体到运用群体结构的身份地位分层去解决集体行动困境问题。2009 年，维勒于《美国社会学评论》*American Sociological Review* 期刊发表了文章《群体奖励个体贡献：集体行动的身份地位解决方案》"Groups Reward Individual Sacrifice：The Status Solution to the Collective

Action Problem"，正式提出了超越个体化、从群体结构视角解决集体行动困境的观点（Willer，2009）。维勒等在 2012 年发表于《社会学理论》（*Sociological Theory*）的文章《身份地位分层与集体行动的组织》"Status Hierarchies and the Organization of Collective Action"中，详细论述了群体结构中的身份地位分层及其所带来的个体行动模式，如何一步步解决了公共物品自我供给中的集体行动困境问题。这篇文章想强调身份地位分层不仅仅有助于群体解决集体合作问题，还能解决由集体行动延伸的其他问题，包括有效促进成员贡献以及减少"搭便车"行为。由此，他们认为身份地位分层对于所有的集体行动都具有重要的积极影响（Simpson et al.，2012）。

面对公共物品自我供给的集体行动困境，社会学方面的主要问题之一是，群体如何激励个体将自我利益排除开来而积极奉献于集体行动。维勒的解决方案是，超越个体化，寻求将个体的自利主义动机提升为群体动机的可能路径。他将群体动机界定为"个体评估群体利益关乎自身利益的程度"（Willer，2009），即群体利益在多大程度上与个体自身利益相叠加。个体的群体动机越高，说明他对群体利益与自身利益一致性的认同程度也越高。同时，维勒也论证了，个体感知到越多的群体动机，将为群体利益做出越多的贡献。另有其他学者的研究表明，个体在群体中的身份地位不仅仅取决于个体对群体贡献的多少，也取决于个体是否表达其持续关注群体利益，即取决于个体的群体动机。许多相关的田野研究和实验经济学研究发现，群体给予个体越多的尊敬奖励，个体越倾向于自愿供给公共物品（Ridgeway，1987，1982）。

四　群体结构视角的实验论证

维勒延伸发展伯格的身份地位特征理论，意在从群体结构视角解决公共物品自我供给中"搭便车"的集体行动困境问题。他也是采用实验等实证研究方法充分论证这一解决方案的集大成者。综观维勒的群体结构视角解决方案，他致力于同时解决集体行动困境中的两大主要问题：一是公共物品自我供给的"启动"（start-up）问题；二是公共物品自我供给的"搭便车"（free-rider）问题。在这个过程中，核心的要素在于将个体在任一集体行动中可能出现的自利主义动机（self-interested）提升转化为群体动机（group motivation），而这一提升转化的关键，就在于个体的身份地位特征。由此，维勒才说，他的群体结构视角主要依赖于伯格的身份地位特征理论（Willer et al.，2012）。

维勒的各项研究发现，基于身份地位特征理论，从群体结构视角出发，群体中的身份地位分层将自动完成"从个体的自利主义动机到群体动机"这一提升与转化的过程。他以个体的身份地位分层为出发点，以群体动机为核心，构建了一个身份地位特征理论作为集体行动困境问题解决方案的逻辑图（Willer，2009），具体逻辑如图 8-1 所示。

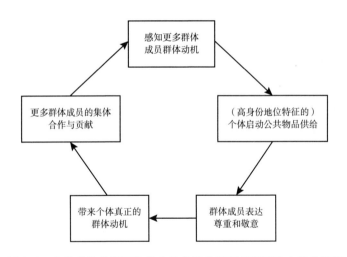

图 8-1　身份地位特征理论作为集体行动困境问题解决方案的逻辑

（高身份地位特征的）个体首先启动对集体的贡献—被群体认为是群体动机的个体—个体被赋予相关的（高）身份地位—有身份地位带来的对群体其他成员的影响、带来其他群体的合作与给予—群体其他成员表达对高身份地位个体的尊重和敬意—由此带来个体对群体整合团结、群体身份认同的感觉—带来个体真正的群体动机—促使其将来对集体做出更多贡献。

1. 实验假设

已有不少研究关注身份地位与集体行动之间的关系，但大部分研究主要关注对群体的贡献给个体身份地位所带来的影响（Sell，1997）。而维勒等人想关注群体成员身份地位不同分层对其集体行动的影响，尤其是集体行动的启动问题。因此，维勒构建的逻辑图中，试图解决的首要问题就是集体行动中的启动问题。他指出，"可能有很多身份地位特征对集体行动都有重要的帮助，但笔者认为，在大部分集体行动中，会有一个特别的身份地位特征对集体行动的成功起到至关重要的作用。这个特征就是主动而非被动承担起集体行动目标的任务。主动立场的意思是，在集体行动中主动启动、引领和维持群体成员共同完成任务目标的状态，而非被动等待其他人去界定何种行为是集体行动中的合适行动。这种特征尤其重要，因为它解决了集体行动中至关重要的启动问题"（Willer et al.，2012）。他们的研究表明在集体行动中采取主动还是被动行为与身份地位高低相关。假设当身份地位特征变得显著且没有明确其与集体行动目标不相关时，它将通过关键重要特征唤起与集体行动目标相关不同的概化/弥散期待。比如人们会期待在群体中，具备高身份地位的成员将更加积极主动行动，以达成集体行动目标。换言之，他们论证了在集体行动和公共物品供给中，高身份地位特征的个体将更具备主动倾向，而低身份地位特征的个体更倾向于被动行事。因此，在图 8-1 中，拥有高身份地位特征的个体会首先启动对集体的贡献，解决公共物品自我供给的集体行动困境中的第一个问题。

身份地位分层将通过行动者的行动结果影响集体行动。行动结果表现为：行动机会（action opportunities）、绩效产出（performance outputs）、绩效评估（evaluations of performance outputs）及其影响力（influence）（Berger et al.，1977）。借助身份地位特征理论，维勒在其实验研究中提出并论证了一系列的假设，逐步阐述了群体结构的身份地位分层是集体行动困境问题的解决方案。

假设 1：高身份地位特征行动者将比低身份地位特征行动者更可能抓住机会为启动集体行动做贡献（行动机会）。

假设 2：高身份地位特征行动者将比低身份地位特征行动者为集体贡献

更多资源（绩效产出）。

假设 3：在集体行动中，低身份地位特征行动者将更可能去适应和匹配高身份地位特征行动者的贡献标准（绩效评估与影响力）。

以上三个假设暗示了高身份地位特征行动者会首先启动集体行动做出贡献（假设 1），他们将比低身份地位行动者贡献更多（假设 2），以及他们将影响其他行动者为集体做出类似的贡献（假设 3）。总而言之，这些假设说明了具备身份地位特征的群体（即群体结构中呈现身份地位分层状态）将比不具备这些的群体更容易达成集体行动。尤其是，以上假设预设了身份地位特征有助于解决集体行动的启动问题（假设 1 和 2，假设 1 被视为集体行动启动问题的内生/内源性解决方案），也有助于解决"搭便车"问题（假设 3），由此，具备身份地位特征的群体将比没有这些特征的群体更易取得集体行动成效。已有研究结果分别论证了以上三个假设，如辛普森和维勒的实验研究（Simpson et al.，2012）论证了假设 1，而谢尔等学者的研究论证了假设 2 和假设 3（Kumru & Vesterlund，2010；Sell，1997）。由于篇幅有限，以下主要详细介绍辛普森与维勒的实验研究，呈现实验论证的具体过程。

2. 实验设计与过程

（1）实验研究设计

研究采用实验方法，在美国东南部的一所公立大学开展实验。实验通过海报宣传招募志愿者作为实验被试，总共招募了 187 名大学生。主要因变量为人们在群体中是否以及何时会参与公共物品供给？以受教育水平作为主要的地位差异，实验主要考察本科生在不同对照组中（相对于研究生处于低身份地位特征水平、相对于高中生则是高身份地位特征水平）的贡献水平是否不同。整个实验进行了 30 分钟。

（2）实验过程

被试被随机安排到 6~8 个群组中，实验还设计了一些步骤，降低被试看到其他成员其他地位特征的可能性（如性别和种族等）。一旦参与到实验中，每个被试都是单独行动的，并被告知实验目的在于研究不同背景和不同受教育水平的人们如何达成共同合作实现群体目标。被试也被告知，他们将被随机分配到本科生、研究生和高中生的任一群组中。被试将写下自己的姓名首字母（用于区分不同被试）、年龄和受教育水平。

研究助理将介绍被试所在群组的两个目标。第一，群组的决定涉及真实的资金，由被试通过电脑操作完成。这将涉及公共物品供给博弈困境。第二，被试将被告知会与群组其他成员面对面合作，共同完成目标。

每个群组由 3 个被试组成，每个被试将会得到 10 美元的个人资金，每个被试需要做出决定，是否将这 10 美元全部捐出作为群组资金，或他/她可以保留作为自己的个人资金。如果 3 个被试都决定全部捐出 10 美元，那么他们组的群组资金将翻倍，从 30 美元增加到 60 美元。这 60 美元将平均分给每个组员，由此，每个组员将得到 20 美元。但是，如果任何一个组员没有全部捐出，那么所有捐给群组资金的钱就都没了，不会有任何资金返还给群组成员。这样可以防止成员"搭便车"。

每个被试将有 90 秒的时间来决定他/她是否将个人基金捐赠给群组基金。任何一个组员做出捐出她/他个人基金的决定，就会立刻被转发给群组其他成员。由此，虽然所有被试在做决定时无法与群组其他成员交流，但他/她可以看到其他成员做出的决定。在正式开始之前，被试将接受一系列培训，确保他们明白实验过程和相关细节。通过介绍和培训，被试将大致了解所在群组其他成员的有限信息，如姓名首字母、受教育水平以及年龄。然后，正式的实验开始。被试者的捐赠行为完全是理性的，只有在其他组员捐赠的情况下才做出决定，因此被试在做决定时考虑其他组员的行为就变得尤为重要。实验指导也确保被试完全明白他们的任务是集体取向的。

实验的主要问题在于被试是否愿意第一步就将自己的个人资金全部捐赠给群组作为群组资金，以及这样的决定是否受到其他组员身份地位特征情况的影响。由此，群组中的 2 个组员将被延迟 10~15 秒，有充分的时间做出是否捐赠的决定。如果在这个时间里，没有任何组员做出捐赠，系统将随机选出一位成员进行捐赠。3 个组员都做完决定后，实验停止。

3. 实验结论

实验研究表明，被随机赋予高身份地位特征的被试将比低身份地位特征的被试更可能启动集体行动，发起第一次的捐赠。实验中，有 46.3% 的被赋予高身份地位特征的被试发起第一次捐赠，而只有 30.5% 的低身份地位特征的被试启动捐赠。通过实验研究，论证了研究假设 1 "高身份地位特征行动者将比低身份地位特征行动者更可能抓住机会为启动集体行动做贡献（行动机会）"。

有的研究认为，群体可以通过制定规则、制度或激励等动员高身份地位特征成员首先做出贡献（Oliver，1993）。但创造这样的激励或制度本身又卷入了"次级/二阶"集体行动困境问题。由此，又回到了第一个集体行动困境问题上。而以上假设 1 预设了身份地位结构将为集体行动的启动问题提供内源性的解决方案，引导高身份地位特征行动者启动集体行动，这是整个主题的关键所在。而一旦集体行动被身份地位分层所启动，根据假设 2 与假设 3，集体行动中的"搭便车"困境也会随之被克服，将启动公共物品自我供给的良性运行（Simpson et al.，2012）。

期望状态理论与身份地位特征理论，其核心的循环链条为"期望—行为—身份地位—期望"，而维勒借鉴了这条循环链条的思路，将其中的"行为"具体化为"个体对公共物品供给/集体行动中的贡献"，并发现了"群体动机"这一关键机制。身份地位特征理论与集体行动相结合，产生的新循环链条为：贡献—身份地位—群体动机—更多的贡献。最终，在一个身份地位分层的群体结构中，一个完整的关于公共物品自我供给集体行动的良性循环链条就形成了（见图 8-2）。

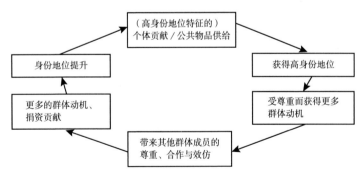

图 8-2　身份地位分层与集体行动的良性循环链条

注：具体内容即"（高身份地位特征的）个体贡献/公共物品供给（行动机会、绩效产出）—获得高身份地位（社会回报）—受尊重而获得更多群体动机（更关注群体利益、群体身份认同与团结）—带来其他群体成员的尊重、合作与效仿（绩效评估与影响力）—更多的群体动机、捐资贡献—身份地位提升—（持续新一轮的循环）"。

这个完整的集体行动循环链条，适用于任何一个存在身份地位分层的群体结构中，它以高身份地位特征为起点、以群体动机为核心作用机制，致力于同时有效解决公共物品自我供给中的"启动"问题与"搭便车"问题。由此，将群体结构、身份地位分层、群体动机与公共物品自我供给的集体行动困境问题的有效解决紧密联系在一起。

五　理论贡献与对中国研究的启发

（一）理论贡献与不足

在公共物品的自我供给中，容易出现个体理性导致集体非理性的社会困境。人们面对这一集体行动困境，不仅在形而上学层面追问，谁来关注、负责属于大多数人的公共物品与公共福祉，更在不同社会学科里，探索公共事务的治理之道。关键的问题是，在什么样的条件下，个体成员可能意识到他们一致的公共利益？从政治学、经济学、心理学到社会学研究，已有的大部分研究关注如何动员理性的个体为集体做出贡献，而我们梳理了以维勒等学者为代表的研究，他们试图超越个体化，从群体结构的视角重新理解公共物品自我供给中的集体行动困境。他们的多项研究强调集体公共物品如何在特定的结构化的群体中得到保障。理论强调了群体将通过身份地位分层来促使集体行动成功。他们借鉴伯格等人的身份地位特征理论，发展出群体动机等关键机制，并构建了身份地位分层的群体结构中集体行动的良性循环链条，论证与阐述了具备身份地位特征的群体，将比不具备此项特征的群体更易克服公共物品自我供给的集体行动困境。

群体结构视角的研究，为我们进一步解决公共物品供给与集体行动困境问题带来许多有益的启示。

首先，从个体到群体结构视角。从关注理性个体，到关注群体结构特征，这本身就是极具社会学想象力的努力与跨越。虽然已有的研究关注到群体规模、社会关系网络大小及密度、外在制度等社会因素对集体行动的影响，但这些因素的影响仍仅限于通过个体行动发挥作用。维勒等人构建的身份地位分层与集体行动的良性循环链条，是一个整体结构运行的视角：它启动于内生的身份地位分层，并自成一体地良性循环。这不仅为公共物品自我供给问题提供了全新的研究视角与现实解决方案，也为组织管理的相关理论与实践注入了新思路。

其次，阶层视角的引入，从个体同质性到异质性假设。与以往的研究不同，维勒等人所关注的群体结构，并非由同质性个体所组成，而是从现实出发，承认大部分的群体结构均由身份地位不平等的异质性个体构成。许多研究关注身份地位不平等对群体可能带来的消极后果（e.g., Cohen，1993；Marmot，2004；Milner，2004），但维勒等人的研究开始肯定了身份地位分层给集体行动带来的积极影响（Willer，2009；Simpson et al.，2012）。可以肯定的是，将社会阶层如此经典的社会学议题与公共物品供给的集体行动困境结合思考，意义重大。然而，其中涉及另一个问题，需要继续深入研究与讨论，即关于群体成员的集体目标问题。维勒在研究的文本也提到，因是小规模任务群体的实验研究，他们的研究预设了所有群体成员的集体行动目标相一致，而未来的研究还可以关注群体成员的集体目标是否一致的问题。如果群体成员的集体目标存在差异，那么需要进一步探究，群体成员的身份地位分层/不平等，给公共物品供给的集体行动所带来的影响是积极还是消极的？是身份地位分层对集体行动的影响更大，还是群体身份认同感对集体行动成功的影响更大？这些也是关键的问题（Simpson et al.，2012）。个体异质性给集体行动所带来的影响到底是利是弊，不同研究结论所带来的张力，值得我们在今后的研究与思考中进一步探索。

最后，群体动机的提出与强调。在谈及群体动机时，维勒提出，他们的研究指出了公共物品供给中设计的正式激励体系可能存在的缺憾。正式激励体系很可能会干扰到非正式的关于身份地位获得的激励体系。因为个体在正式激励体系的监督之下没必要去关注群体，无法培育其群体动机，由此他们无法获得在群体中的身份地位。正式激励体系虽然在最大化群体贡献中具有效果，但它很可能破坏了群体通过地位回报而内生的团结与群体认同的自然趋势。已有研究验证了正式的制裁会破坏群体成员的信任与利他主义倾向（Mulder et al.，2006）。我们认为，群体动机的提出与强调，是维勒等人在研究公共物品供给的集体行动困境问题中，所做的超越个体化的最有益的尝试。超越个体化将视角从个体层面转向群体结构层面；群体动机，不仅仅是身份地位分层保障集体行动良性运行的关键机制，更是超越狭隘个体利己主义努力探索培育公共精神的方法与路径。正如玛丽·道格拉斯在《制度如何思考》一书中极力强调的观点，超越个体一己之私的制度设计，才可能长效运行（道格拉斯，2013）。笔者也相信，身份地位分层的群体结构，在解决集体行动困境问题中最长效的机制是群体动机。

不过，关于公共物品自我供给的群体结构视角的研究方兴未艾，在理论发展与实证研究中均不可避免存在一些不足之处。

比如，首先，在理论层面，身份地位分层是群体结构视角的核心概念，但在维勒等人所发展的理论中，对身份地位高低的具体界定不够清晰，这将影响其在现实运用中的可操作性；同时，他们的理论预设了任意群体中的身份地位分层都是天然存在、并得到所有群体成员的一致认可的。但现实生活中，很可能存在群体成员对自己或他人的身份地位高低排序不认可的情况。事实上，维勒最新的研究也关注到了这个问题，其实验研究表明，当群体成员对身份地位分层的认识不一致时，反而会对群体的集体行动/公共物品供给产生负面影响（Willer & Anderson，2016；Willer & Harrell，2017）。

其次，在实证研究层面，目前维勒等人的相关论证都是基于实验研究方法的。虽然实验研究方法便于控制许多变量开展观察研究，但在现实社会中难以做到严格控制许多变量观察群体动力过程。今后或可尝试通过田野实验论证群体结构对公共物品自我供给的影响。置于具体的现实社会条件下，这一理论还有极大的研究空间。

（二）对中国研究的启发

除了上述理论贡献外，将身份地位特征理论引入公共物品供给研究，从群体结构特征、身份地位分层的视角研究公共物品供给等集体行动困境问题，对中国相关社会问题的研究也具有一定的启发意义。

首先，从个体到群体视角，为解决农村公共物品供给的组织责任与集体行动双重困境提供新的研究视角。我们从前文的梳理中可知，各个学科关于中国公共物品供给的已有研究，大多借鉴西方理论，对集体行动困境问题的解决方案的探讨最终都落脚到个体身上，或致力于激励公共物品供给的组织者积极承担责任，或通过各种制度设计、奖惩机制等激励个体积极参与公共物品供给。鲜有研究超越个体，从群体结构特征的视角进行论证，更少有研究将个体的地位分层特征与公共物品供给双重困境同时结合起来。

从公共物品供给制度发展脉络来看，在中国社会，尤其是农村地区，自我供给是公共物品供给的重要组成部分，农民仍是农村公共物品供给的重要力量（李秀义、刘伟平，2015；罗万纯、陈怡然，2015；温莹莹，2021）。《关于开展村级公益事业建设"一事一议"财政奖补试点工作的通知》对村级公益事业建设责任进行了划分，跨村以及村以上范围的公益事业由各级政府负责，村内的水利、道路、环卫设施等公共服务建设主要通过"一事一议"筹资筹劳和集体经济组织投入解决（罗万纯、陈怡然，2015），这是从制度层面确定了农民作为村庄内部公共物品供给的主体地位。虽然随着国家财政投入力度的不断加大，农村公共物品供给水平有了大幅提升，但离农民的多元化、多层次需求还有一定的差距。不同村庄获取国家财政支持的能力也存在差异，不同村庄公共物品供给水平发展不平衡（罗万纯，2016），越来越多的研究也呼吁农村公共物品供给主体需要实现多元化，除了政府，也让农民和社会组织参与补充，形成制度外供给（杨剑、程勇，2014）。中国社会的现实情况在于，公共物品供给并非政府或少部分人的责任，尤其是中国广大农村地区的公共物品供给，需要动员广大人民群众积极参与合作。总体来看，已有研究或关注农村公共物品供给组织者/基层政府官员的责任困境，如政治学和公共管理学的研究（Tsai，2007a），或关注集体行动中的"搭便车"困境，如社会学、经济学和心理学的研究（Xu & Yao，2015）。而群体结构视角可以同时解决公共物品供给的"启动"和"搭便车"问题，利用群体社会分层特征有效驱动人们积极参与公共物品自我供给，将已有平行、独立的两个研究视角充分结合起来，为中国农村公共物品供给研究提供新方向。

其次，为研究中国农民社会分层对公共物品供给的影响补充积极视角。地位分层情况广泛存在，研究公共物品供给问题不能忽视地位分层可能带来的重要影响。有研究表明，改革开放以来，随着市场经济的发展与职业分化，中国的阶层结构从以农民阶层为主逐步转变为农民阶层、工人阶层和中产阶层等多元共存的状态（张翼，2018）。其中，农民的分层分化也十分显著，目前总体上依然维持着 8 个阶层，这 8 个阶层之间的等级差异不仅明显，而且还存在扩大趋势，阶层之间存在明显的流动（王春光等，2018）。经济学的相关研究也发现，中国农村地区的社会经济结构正在发生深刻转型，农民群体在职业、经济收入等方面发生了明显的分化（韩俊，2018）。这就意味着，我们对中国社会任何群体的研究，可能都无法避免地位分层带来的显著影响。就农民社会分层对农村公共物品供给的影响而言，已有研究主要关注分层带来的农民异质性需求，是相对静态且偏消极和负向的（蔡起华、朱玉春，2016；秦国庆、朱玉春，2017；秦国庆等，2019）。而群体结构视角启发我们，农民的社会分层、分化也有其积极意义，可从群体社会分层视角促进农村公共物品的自我供给。因此，群体结构视角将阶层引入公共物品供给问题的研究，对中国社会现实情况的分析具有重要价值。

群体结构视角在公共物品供给的两难困境中突破了个体化视角的局限性，正如维勒所预设的，或许有个隐而不现的契约深嵌于我们的心灵之中。这个社会契约——我们以亲社会行为方式表达的、想增进群体福祉的奉献精神及其行为——或许从根本上源于我们对他人如何评判/想象我们的关注。而我们对他人意见和看法的关注，最终将增进我们的幸福，因为它们提供了社会的可能、公共福祉以及公共物品供给/生产的可能。虽然我们一开始只为追求他人对我们的看法，但最终我们将发现自己嵌入于群体，具备与他人团结一致的潜力（Willer，2009）。维勒的这一席话，不仅包含对个体人性的积极乐观预判，更怀抱对所有个体都应积极超越个体化的无限期待。总的来说，他们所发展的理论启示我们，从群体结构视角重新讨论公共物品的自我供给问题，兼具理论与现实意义。我们沿着维勒的理论，或许可以进一步探索，身份地位分层的群体结构，能否源源不竭地内生与孕育出个体的群体动机和公共精神？

第九章
总结与展望

一　制度合法性机制与村庄公共物品供给

提供良好的村庄公共物品是实施乡村振兴战略的重要保障。公共物品供给研究的制度视角由来已久。不过，以往的制度视角，主要从宏观层面论证了正式制度、非正式制度（如正式的民主或财政制度、宗族、习俗等非正式的社会制度）与公共物品供给之间的关联，而关于制度何以促进公共物品供给的具体微观机制，还未有充分的讨论。本书延续已有的制度框架，探讨村庄公共物品的供给问题。但不同于以往宏观的制度视角，笔者从微观视角关注制度如何具体地影响村庄公共物品的供给结果。或者说，研究制度中存在何种微观机制影响着人们在村庄公共物品供给中的参与程度，进而影响村庄的公共物品供给。

本书在方法与研究内容上均有所创新：首先，研究方法上，笔者结合定量与定性研究方法，既有量化数据也有深度个案论证研究假设；其次，研究内容主要在于研究视角与理论框架的创新。本书延续已有的制度框架，探讨村庄公共物品的供给问题。但不同于以往宏观的制度视角（正式的民主或财政制度与非正式制度框架），笔者从微观视角关注制度如何具体地影响村庄公共物品的供给，深入探讨制度实施的各项合法性机制是否影响村民在村庄公共物品供给中的参与程度，进而影响村庄的公共物品供给。笔者借鉴斯科特的制度合法性机制理论框架进行田野调研的问卷与访谈提纲设计。斯科特认为，不同的社会理论家先后把规制性、规范性和文化-认知性定为制度的关键要素。三大要素对应的合法性基础分别是法律制裁，道德支配和可理解、可认可的文化支持（斯科特，2010）。由此，制度的合法性机制主要由法律制裁、道德支配以及深层的文化支持构成。不同制度的合法性机制构成不同（斯科特，2010）。

结合斯科特的制度合法性机制理论（斯科特，2010），笔者预设不同的制度具有不同的合法性机制，采取不同的方式动员和组织村民参与公共物品供给。不同的组织动员方式效果不同，进而影响村庄公共物品的供给情况。笔者分别考察以不同要素（规制性、规范性和文化-认知性要素）为主导的制度，是否分别为其提供了不同的合法性机制（正式规则、村庄道德基础以及一致的文化理解与制度认知/共享价值）？并进一步研究不同的制度合法性机制，如何通过影响村民的参与程度，最终影响村庄公共物品的供给？通过实证研究，笔者对斯科特制度合法性机制理论的操作化进行本土化尝试。

二　合法性机制是公共物品供给制度有效实施的关键

新制度主义学派认为，一项制度在具体实施过程中常常面临合法性问题。从一种制度观点看，合法性是一种反映被感知到的，与相关规则和法律、规范支持相一致的状态，或者与文化-认知性规范框架相亲和的状态。不同的社会理论家先后把规制性、规范性和文化-认知性分别定为制度的关键要素。三大要素对应的合法性基础分别是法律制裁，道德支配和可理解、可认可的文化支持。关注规制性制度要素的理论，强调遵守规则是制度的合法性机制；关注规范性制度要素的理论，强调制度的合法性机制蕴含在深层的道德基础上；关注文化-认知性制度要素的理论，则强调通过遵守共同的情境界定、参照框架、被认可的角色模板等获得合法性，即通过最深层次的认知一致性与共享价值来寻求合法性。由此，制度的合法性机制主要由法律制裁、道德支配以及深层的文化支持构成。不同制度的合法性机制构成不同。

笔者根据以上理论框架设计好调研问卷与访谈提纲，分别于 2016 年 7~8 月、2017 年 1~2 月以及 2017 年和 2018 年暑期前往北京、福建等地 80 个村庄开展问卷调查与质性访谈等田野工作，收集了近 800 份问卷的定量数据与丰富的质性访谈资料。通过定量与定性研究，分别探讨了规制性、规范性与文化-认知性要素三大制度合法性机制，是否以及如何影响着村庄的公共物品供给？本书得出的主要研究发现与重要观点如下。

（一）规范合法性是增进公共物品供给制度绩效的新路径

笔者运用"2005 年全国城乡居民生活综合研究（CGSS 2005）"的农村村级与农户数据研究中国农村公共物品供给的影响因素，笔者发现公共物品供给制度中的一项具体合法性机制，即规范性机制/道德要素会影响人们在公共物品供给中的行动。定量数据统计分析结果显示，中国农村的普遍道德存量是影响村庄公共物品供给不可忽视的重要因素之一。具体来说，在经济水平与政府投入有限的中国农村地区，一般参与者的集体合作（村民的捐资以及"一事一议"筹资筹劳等）在公共物品有效供给中发挥了重要作用，其中普遍道德是中国农村公共物品供给的重要影响因素。同时，地方政府官员/组织者的责任与道德权威虽然重要，但笔者的研究发现村民的捐赠与"一事一议"筹资筹劳等仍是中国农村公共物品供给的重要组成部分，说明一般参与者的道德水平同样值得关注。普遍道德提供了理解人们何以克服集体行动困境的另一种阐释。理解中国农村公共物品供给，不能仅限于西方学者所强调的宗族因素及其有限道德，更应该关注现代社会日益强调的普遍道德。提升人们的普遍道德水平是增进中国农村公共物品供给及其制度绩效的有效路径之一。

（二）文化-认知合法性是公共物品供给制度有效实施的深层保障

基于对福建省个案村庄的深入田野调研，笔者发现制度的文化-认知合法性在制度有效实施与公共物品有效供给中发挥积极作用。个案中"头家轮流制"在公共物品供给中的绩效，之所以优于民主选举制与宗族理事会制度，其主要的合法性机制在于文化-认知合法性。在漫长的制度形成过程中，人们长期的日常互动实践积累了丰富的相关经验，并在制度设计中通过自我监督与嵌套单位机制，克服了信息与环境的不确定性，保障了人们对"头家轮流制"的文化-认知合法性。基于个案研究结果，笔者在对北京市与福建省的问卷调查中进一步考察了制度认知合法性对村庄公共物品供给的影响。通过定量数据的回归分析，笔者论证了制度认知对人们在村庄公共物品供给中的参与意愿具有显著影响。民主制度认知对人们参与意愿的影响不明显，但"一事一议"和项目制度认知均对人们参与意愿的影响具有显著性。"一事一议"制度认知所带来的合法性，可以提升人们的参与意愿；而项目制度认知，由于挤出效应，在一定程度上会降低人们的参与意愿。

研究的主要结论，给予我们一定的启示：在中国农村公共物品供给中，不仅与其相关的各项制度安排会影响人们的参与意愿，而且对制度实施的认知情况，也会显著影响人们的参与意愿。在今后的研究与具体实践中，对于与公共物品供给相关的制度安排及其制度认知，我们应该予以同等程度的重视与关注。与规制合法性或规范合法性相比较，文化-认知合法性更深层地嵌入人们日常互动环境的文化土壤之中，由此，它才能构成关于社会实在的性质的共同理解，是一项制度得以有效实施的深层保障。

我们在考察公共物品供给中的制度实施时，不能忽视制度的文化-认知合法性机制及其外在的文化框架。随着现代化的推进，市场与国家不断介入村庄，"宏大的设计、无限制的社会工程和对自然的总体改变"可能带来村庄传统文化及其共享价值的丧失，这一层面折射出的制度与社会变迁，直接关乎村庄原有制度的合法性问题。本书的研究论证了，深嵌于村庄已有文化、承载共享价值的制度的重要性。因具备了充分的文化-认知合法性，这样的制度在公共物品供给中获得了最优的实施绩效。

（三）制度合法性机制显著促进人们的公共物品供给参与意愿

基于对北京市 40 个村庄问卷调查数据的分析、借鉴制度合法性机制理论，本书从制度合法性机制三要素——规制合法性、规范合法性与文化-认知合法性的角度，理解中国农村公共物品供给问题。笔者通过实证研究与数据分析，论证了制度合法性机制能够显著提高人们在村庄公共物品供给中的参与意愿。在规制合法性中，项目制的制度安排有助于提高人们公共物品供给的参与意愿；在规范合法性中，居住在村庄的时间越长，与村庄共同体共享价值规范越统一，越有利于提高人们参与公共物品供给的意愿；在文化-认知合法性中，公共项目财务公开有助于人们获得公共物品供给的确切信息，进而提高其公共物品供给的参与意愿。本书从实证研究与理论分析的角度，确认了制度合法性机制和人们参与公共物品供给之间紧密的内在联系。笔者认为，分析人们是否愿意参与公共物品供给背后具体的制度合法性机制，有着充分的必要性与重要意义。笔者的研究也发现，在村庄公共物品供给中，看似理所当然的人们的参与行动，背后都有具体的规制、规范与文化-认知合法性机制在支撑。

本书对今后进一步研究公共物品供给或集体行动具有一定的启发意义。首先，不同制度实施的绩效不同，笔者在研究中需要重视制度实施的合法性问题。在一项公共物品供给中，人们的"搭便车"倾向并非天然固定或不可改变的，只要经过合理的设计，具备合法性机制支撑的制度可以有效调动人们的公共参与意愿，促成公共物品的有效供给。其次，具体的合法性机制是制度有效实施的关键。研究进一步启发笔者，在考察公共物品供给问题时，重要的不仅仅在于区分供给主体是政府、市场还是社会组织，是正式制度还是非正式制度，还在于详细考察制度的合法性机制及其来源。我们研究村庄公共物品供给制度的合法性机制，对于完善村庄供给制度，为农民参与公共事务提供畅通的渠道以及促进乡村振兴具有重要意义。

三　未来方向

笔者在田野调查中发现，中国农村公共物品供给制度受到具体合法性机制要素的影响，不同的合法性机制通过影响人们在集体行动中的逻辑，进而影响村庄公共物品供给水平。不过，已有研究始终关注的是个体层面的集体行动逻辑，在田野研究中，我们观察到，超越个体层面的群体结构视角也应当纳入对人们集体行动逻辑影响的考察。由此，我们通过文献与理论梳理进一步讨论了社会群体结构对公共物品自我供给的影响。在最后的理论讨论部分，本书从群体结构视角阐述了集体公共物品如何在特定的结构化的群体中得到保障，以及群体如何通过身份地位分层来促使集体行动成功。这一理论超越个体，从群体结构视角，将社会阶层、群体动机等因素引入公共物品供给与集体行动研究，为今后的相关研究带来一定的启发。将群体结构视角引入对公共物品供给或其他集体行动的研究，不论在实验研究方法还是理论对话方面，都有较大的研究空间。

组织社会学理论认为，组织行为同时面对技术环境和制度环境，分别对应效率机制和合法性机制（周雪光，2003）。笔者的研究表明，制度的有效实施也需要合法性机制。以往的研究，将制度作为一个整体研究其合法性机制，本书借鉴斯科特的制度三要素分析框架，分别讨论了制度有效实施的微观合法性机制：规制、规范和文化-认知。

规制合法性机制主要强调强制性因素，这在已有的研究中主要对应正式的制度设计及其激励、惩罚机制给公共物品供给带来的影响。本书并未明确研究规制合法性机制的作用效果，或者至少这不是本书关注的重点，主要是因为在公共物品供给制度中，没有明确的强制性要求，公共参与的集体行动逻辑也以自愿参与为前提。我们从以往的研究以及本书的个案研究中可以看到，带有一定强制性的"摊派"等方式，实施效果并不理想。

从斯科特的合法性机制理论来看，规范合法性机制更多强调的是社会关系网络、共享规则以及道德等内涵。本书通过个案和定量研究（北京市村庄数据和全国的 CGSS 2005 数据）分别讨论了规范合法性机制的作用效果。本书在第六章运用北京市村庄数据的实证研究中，讨论了社会关系网络、村庄共享规则等对个体参与公共物品供给的影响。而更重要的是，本书的第七章专门讨论了道德规范对中国农村公共物品供给的有效影响，在文化经济学和道德社会学的理论脉络下，梳理了现代社会所发展的普遍道德。本书的分析认为，普遍道德不仅可以促进人们在村庄公共物品供给中的参与行为，还对解决其他集体行动中的"搭便车"问题具有积极作用。笔者从斯科特合法性机制理论出发，试图延伸讨论现代社会中的道德规范对所有集体行动/合作研究能够带来的启发。

关注制度的文化-认知性维度，是社会学和组织研究的新制度主义最显著的特征（斯科特，2010）。制度的文化-认知性要素构成了关于社会实在的性质的共同理解，以及建构意义的认知框架。本书也分别通过定性和定量研究对文化-认知合法性机制的影响予以论证。第三章和第四章，笔者分别论证了人们对公共物品供给相关制度（无论是正式制度还是非正式制度）的文化认知如何显著促进了人们在公共物品供给中的参与行为。

总体而言，斯科特的合法性机制理论，总结了规制、规范和文化-认知合法性机制是制度的三大基础性要素，已有关于合法性机制的研究主要聚焦对组织行为的相关研究。本书通过实证研究论证和强调，一项制度的有效实施事实上也需要合法性机制的支撑。这或许在一定程度上可以进一步推进组织与制度研究的合流。

参考文献

阿马蒂亚·森，2000，《伦理学与经济学》，王宇、王文玉译，商务印书馆。

埃莉诺·奥斯特罗姆，2000，《公共事物的治理之道——集体行动制度的演进》，上海三联书店。

埃莉诺·奥斯特罗姆，2012，《公共事物的治理之道：集体行动制度的演进》，余逊达、陈旭东译，上海译文出版社。

爱弥尔·涂尔干，1999，《宗教生活的基本形式》，渠东、汲喆译，上海人民出版社。

埃米尔·涂尔干，2000，《社会分工论》，渠东译，生活·读书·新知三联书店。

爱弥尔·涂尔干，2001，《职业伦理与公民道德》，渠东、付德根译，上海人民出版社。

爱弥尔·涂尔干，2002，《社会学与哲学》，梁栋译，上海人民出版社。

爱弥尔·涂尔干，2006，《教育思想的演进》，李康译，上海人民出版社。

白南生、李靖、辛本胜，2007，《村民对基础设施的需求强度和融资意愿——基于安徽凤阳农村居民的调查》，《农业经济问题》第7期。

蔡起华、朱玉春，2016，《社会资本、收入差距对村庄集体行动的影响——以三省区农户参与小型农田水利设施维护为例》，《公共管理学报》第4期。

蔡晓莉，2006，《中国乡村公共品的提供：连带团体的作用》，刘丽译，《经济社会体制比较》第2期。

陈柏峰，2016，《富人治村的类型与机制研究》，《北京社会科学》第9期。

陈家建，2013，《项目制与基层政府动员——对社会管理项目化运作的社会学考察》，《中国社会科学》第 2 期。

陈家建，2017，《项目化治理的组织形式及其演变机制——基于一个国家项目的历史过程分析》，《社会学研究》第 2 期。

陈杰、刘伟平、余丽燕，2013，《一事一议财政奖补制度绩效及评价研究——以福建省为例》，《福建论坛》第 9 期。

陈潭、刘建义，2010，《集体行动、利益博弈与村庄公共物品供给——岳村公共物品供给困境及其实践逻辑》，《公共管理学报》第 3 期。

陈潭、刘祖华，2009，《迭演博弈、策略行动与村庄公共决策——一个村庄"一事一议"的制度行动逻辑》，《中国农村观察》第 6 期。

陈涛，2015，《道德的起源与变迁——涂尔干宗教研究的意图》，《社会学研究》第 3 期。

陈叶烽，2010，《社会偏好的检验：一个超越经济人的实验研究》，浙江大学博士学位论文。

陈叶烽、叶航、汪丁丁，2010，《信任水平的测度及其对合作的影响——来自一组实验微观数据的证据》，《管理世界》第 4 期。

陈叶烽、周业安、宋紫峰，2011，《人们关注的是分配动机还是分配结果？——最后通牒实验视角下两种公平观的考察》，《经济研究》第 6 期。

陈映芳，2010，《行动者的道德资源动员与中国社会兴起的逻辑》，《社会学研究》第 4 期。

丹尼斯·C. 缪勒，2010，《公共选择理论》（第 3 版），韩旭等译，中国社会科学出版社。

弗兰克·道宾主编，2008，《经济社会学》，冯秋实、王星译，上海人民出版社。

道格拉斯·C. 诺斯，1994，《制度、制度变迁与经济绩效》，刘守英译，上海三联书店。

董磊明，2015，《农村公共品供给中的内生性机制分析》，《中国农业大学学报》（社会科学版）第 5 期。

杜增艳、陈红艳，2007，《能人治村在经济欠发达地区作用探析》，《社会科学论坛》第 3 期。

范子英、张军，2013，《转移支付、公共物品供给与政府规模的膨胀》，《世界经济文汇》第 2 期。

符加林、崔浩、黄晓红，2007，《农村社区公共物品的农户自愿供给——基于声誉理论的分析》，《经济经纬》第 4 期。

付文林、沈坤荣，2012，《均等化转移支付与地方财政支出结构》，《经济研究》第 5 期。

傅勇，2010，《财政分权、政府治理与非经济性公共品供给》，《经济研究》第 8 期。

高鉴国、高功敬，2008，《农村公共产品的社区供给：制度变迁与结构互动》，《社会科学》第 3 期。

桂华，2014，《项目制与农村公共品供给体制分析——以农地整治为例》，《政治学研究》第 4 期。

郭庆旺、贾俊雪，2008，《中央财政转移支付与地方公共服务提供》，《世界经济》第 9 期。

郭云南、王春飞，2017a，《本土宗教、宗族网络与公共财政》，《经济学（季刊）》第 2 期。

郭云南、王春飞，2017b，《中国农村宗教与公共品投资》，《经济学（季刊）》第 4 期。

H. 培顿·扬，2008，《个人策略与社会结构——制度的演化理论》，王勇译，上海人民出版社。

韩俊，2018，《以习近平总书记"三农"思想为根本遵循实施好乡村振兴战略》，《管理世界》第 8 期。

贺雪峰，2006，《公私观念与农民行动的逻辑》，《广东社会科学》第 1 期。

贺雪峰、罗兴佐，2008，《农村公共品供给：税费改革前后的比较与评述》，《天津行政学院学报》第 5 期。

贺雪峰，2011，《论富人治村——以浙江奉化调查为讨论基础》，《社会科学研究》第 2 期。

贺雪峰、罗兴佐，2006，《论农村公共物品供给中的均衡》，《经济学家》第
　　1 期。

贺雪峰、仝志辉，2002，《论村庄社会关联——兼论村庄秩序的社会基础》，
　　《中国社会科学》第 3 期。

黄丽芬，2019，《农村公共品供给方式与基层善治》，《华南农业大学学报》
　　（社会科学版）第 1 期。

黄茜等，2015，《空心化村庄的合作何以可能？——基于湖南 HL 村的个案
　　研究》，《南方农村》第 1 期。

黄燕红，2018，《当前村级财务管理的主要模式以及需要解决的问题》，《经
　　贸实践》第 20 期。

焦长权，2014，《中国的国家与农民关系研究："再认识"和"再出发"》，
　　《中国农村观察》第 1 期。

杰克·奈特，2010，《制度与社会冲突》，周伟林译，上海人民出版社。

卡尔·雅斯贝尔斯，2013，《时代的精神状况》，王德峰译，上海译文出
　　版社。

李建军，2010，《我国农村公共产品供给制度的路径变迁与动态对策研究》，
　　《改革与战略》第 6 期。

李琴、熊启泉、孙良媛，2005，《利益主体博弈与农村公共品供给的困境》，
　　《农业经济问题》第 4 期。

李涛、周业安，2009，《中国地方政府间支出竞争研究——基于中国省级面
　　板数据的经验研究》，《管理世界》第 2 期。

李秀义、刘伟平，2015，《财政奖补后村庄公益事业建设合作困境的破
　　解——基于福建 39 个村庄的实证分析》，《农林经济管理学报》第
　　1 期。

李秀义、刘伟平，2016，《新一事一议时期村庄特征与村级公共物品供
　　给——基于福建的实证分析》，《农业经济问题》第 8 期。

李燕凌，2004，《我国农村公共品供求均衡路径分析及实证研究》，《数量经
　　济技术经济研究》第 7 期。

李燕凌，2008，《我国农村公共品供给制度历史考察》，《农业经济问题》第

8 期。

李燕凌，2014，《县乡政府农村公共产品供给政策演变及其效果——基于中央"一号文件"的政策回顾》，《农业经济问题》第 11 期。

李永友，2015，《转移支付与地方政府间财政竞争》，《中国社会科学》第 10 期。

李永友、张子楠，2017，《转移支付提高了政府社会性公共品供给激励吗?》，《经济研究》第 1 期。

李祖佩，2012，《论农村项目化公共品供给中的组织困境及其逻辑》，《南京农业大学学报》（社会科学版）第 3 期。

李祖佩，2015，《项目制基层实践困境及其解释——国家自主性的视角》，《政治学研究》第 5 期。

连洪泉、周业安、陈叶烽、叶航，2016，《不平等厌恶、合作信念与合作行为——来自公共品实验的证据》，《经济学动态》第 12 期。

林万龙，2002，《乡村社区公共产品的制度外筹资：历史、现状及改革》，《中国农村经济》第 7 期。

林万龙，2007，《中国农村公共服务供求的结构性失衡：表现及成因》，《管理世界》第 9 期。

林耀华，2000，《义序的宗族研究》，生活·读书·新知三联书店。

刘长江、李岩梅、李纾，2007，《实验社会心理学中的社会困境》，《心理科学进展》第 2 期。

刘守英、王一鸽，2018，《从乡土中国到城乡中国——中国转型的乡村变迁视角》，《管理世界》第 10 期。

刘燕、冷哲，2016，《"一事一议"财政奖补对微观主体的激励效应研究——一个理论分析框架》，《财政研究》第 5 期。

刘玉照、田青，2009，《新制度是如何落实的?——作为制度变迁新机制的"通变"》，《社会学研究》第 4 期。

刘祖云、韩鹏云，2012，《乡村社区公共品供给模式变迁：历史断裂与结合——基于乡村秩序演进的理论视角》，《南京农业大学学报》（社会科学版）第 1 期。

卢芳霞，2011，《组团式服务：农村社区公共服务供给机制创新——基于枫桥镇的实证研究》，《浙江社会科学》第 6 期。

吕鹏、房莉杰等，2020，《寻找"座头鲸"：中国企业是如何进行社会创新的?》，社会科学文献出版社。

吕鹏、刘学，2021，《企业项目制与生产型治理的实践》，《中国社会科学》第 10 期。

罗伯特 D. 帕特南，2001，《使民主运转起来：现代意大利的公民传统》，王列、赖海榕译，江西人民出版社。

罗仁福、王宇、张林秀、刘承芳、易红梅，2016，《"一事一议"制度、农村公共投资决策及村民参与——来自全国代表性村级调查面板数据的证据》，《经济经纬》第 2 期。

罗仁福、张林秀、黄季焜、罗斯高、刘承芳，2006，《村民自治、农村税费改革与农村公共投资》，《经济学（季刊）》第 3 期。

罗万纯，2016，《乡村治理探索和农村公共服务供给》，《中国发展观察》第 19 期。

罗万纯、陈怡然，2015，《农村公共物品供给：研究综述》，《中国农村观察》第 6 期。

罗小锋，2012，《农户参与农业基础设施建设的意愿及影响因素——基于湖北省 556 户农户的调查》，《中南财经政法大学学报》第 3 期。

马克斯·韦伯，2010，《新教伦理与资本主义精神》，康乐、简惠美译，广西师范大学出版社。

马晓河、方松海，2005，《我国农村公共品的供给现状、问题与对策》，《农业经济问题》第 4 期。

马歇尔·伯曼，2013，《一切坚固的东西都烟消云散了——现代性体验》，徐大建、张辑译，商务印书馆。

玛丽·道格拉斯，2013，《制度如何思考》，张晨曲译，经济管理出版社。

曼瑟尔·奥尔森，1995，《集体行动的逻辑》，陈郁、郭宇峰、李崇新译，格致出版社、上海三联书店、上海人民出版社。

曼瑟尔·奥尔森，2014，《集体行动的逻辑》，陈郁、郭宇峰、李崇新译，格致出版社、上海三联书店、上海人民出版社。

毛丹，2010，《村落共同体的当代命运：四个观察维度》，《社会学研究》第 1 期。

毛丹、王萍，2014，《英语学术界的乡村转型研究》，《社会学研究》第 1 期。

莫里斯·弗里德曼，2000，《中国东南的宗族组织》，刘晓春译，上海人民出版社。

农业部课题组，2005，《建设社会主义新农村若干问题研究》，中国农业出版社。

彭长生，2012，《基于村干部视角的"一事一议"制度绩效及评价研究》，《农业经济问题》第 2 期。

彭玉生，2009，《当正式制度与非正式规范发生冲突：计划生育与宗族网络》，《社会》第 1 期。

钱文荣、应一逍，2014，《农户参与农村公共基础设施供给的意愿及其影响因素分析》，《中国农村经济》第 11 期。

秦国庆、杜宝瑞、刘天军、朱玉春，2019，《农民分化、规则变迁与小型农田水利集体治理参与度》，《中国农村经济》第 3 期。

秦国庆、朱玉春，2017，《用水者规模、群体异质性与小型农田水利设施自主治理绩效》，《中国农村观察》第 6 期。

渠敬东，2012，《项目制：一种新的国家治理体制》，《中国社会科学》第 5 期。

宋敏，2006，《论多中心理论视角下我国农村公共物品供给体制》，《经济纵横》第 8 期。

宋紫峰、周业安，2011，《收入不平等、惩罚和公共品自愿供给的实验经济学研究》，《世界经济》第 10 期。

宋紫峰、周业安、何其新，2011，《不平等厌恶和公共品自愿供给——基于实验经济学的初步研究》，《管理世界》第 12 期。

苏杨珍、翟桂萍，2007，《村民自发合作：农村公共物品提供的第三条途径》，《农村经济》第 6 期。

孙秀林，2009，《村庄民主、村干部角色及其行为模式》，《社会》第 1 期。

孙秀林，2011，《华南的村治与宗族——一个功能主义的分析路径》，《社会学研究》第 1 期。

涂圣伟，2009，《农村"一事一议"制度效力的理论与案例分析》，《南方经济》第 2 期。

W. 理查德·斯科特，2010，《制度与组织——思想观念与物质利益》（第 3 版），姚伟、王黎芳译，中国人民大学出版社。

汪和建，1999，《迈向中国的新经济社会学：交易秩序的结构研究》，中央编译出版社。

汪和建，2005，《再访涂尔干——现代经济中道德的社会建构》，《社会学研究》第 1 期。

王春超，2010，《农民参与农村基础设施建设筹资的意愿研究——以广东 19 个村农户调查为例》，《上海经济研究》第 3 期。

王春光、赵玉峰、王玉琪，2018，《当代中国农民社会分层的新动向》，《社会学研究》第 1 期。

王磊、钟景志，2004，《对取消农业税后农村公共产品供给的思考》，《新疆农垦经济》第 4 期。

王沛、陈莉，2011，《惩罚和社会价值取向对公共物品两难中人际信任与合作行为的影响》，《心理学报》第 1 期。

王霄、吴伟炯，2012，《情绪机制与公共物品供给决策——一项基于社会资本的实验研究》，《经济研究》第 11 期。

王一子、周业安，2020，《地位差异、身份认同与社会合作——基于实验室实验的研究》，《经济学动态》第 10 期。

王振标，2018，《论村内公共权力的强制性——从一事一议的制度困境谈起》，《中国农村观察》第 6 期。

威廉·D. 施奈普，毛罗·F. 圭伦，2008，《公司的治理、合法性与模式》，载弗兰克·道宾主编《经济社会学》，冯秋石、王星译，上海人民出版社。

卫宝龙、凌玲、阮建青，2011，《村庄特征对村民参与农村公共产品供给的影响研究——基于集体行动理论》，《农业经济问题》第 5 期。

温莹莹，2013，《非正式制度与村庄公共物品供给——T 村个案研究》，《社会学研究》第 1 期。

温莹莹，2015，《非正式制度与村庄公共物品供给——T 村个案研究》，中国社会科学出版社。

温莹莹，2020，《国家—社会关系视阈下的公共物品供给参与意愿：基于北京、福建定量数据的比较研究》，《贵州师范大学学报》（社会科学版）第 6 期。

温莹莹，2020，《制度认知合法性与村庄公共物品供给研究》，《宁夏社会科学》第 4 期。

温莹莹，2021，《制度认知及其影响：农村公共物品供给参与意愿实证研究》，《中国社会科学院研究生院学报》第 3 期。

沃尔特·W. 鲍威尔、保罗·J. 迪马吉奥主编，2008，《组织分析的新制度主义》，姚伟译，上海人民出版社。

肖唐镖，1997，《江西农村宗族考察》，《社会学研究》第 4 期。

谢洲，2012，《农村公共品供给一事一议财政奖补制度研究——以重庆市为例》，西南大学博士学位论文。

徐琰超、杨龙见、尹恒，2015，《农村税费改革与村庄公共物品供给》，《中国农村经济》第 1 期。

徐琰超、尹恒，2017，《村民自愿与财政补助：中国村庄公共物品配置的新模式》，《经济学动态》第 11 期。

徐宗阳，2022，《内外有别：资本下乡的社会基础》，社会科学文献出版社。

严进、王重鸣，2003，《群体任务中合作行为的跨阶段演变》，《心理学报》第 4 期。

阳杨、陆林，2018，《乡村振兴视角下地震灾区农村的社会资本与公共物品集体供给——基于汶川灾区都江堰 D 镇的调查》，《贵州师范大学学报》（社会科学版）第 5 期。

杨剑、程勇，2014，《农村公共物品多元协作供给的机制构建》，《农村经济》第 12 期。

叶敏，2016，《农村公共物品的项目化供给及其异化效应》，《新视野》第2期。

叶敏、李宽，2014，《资源下乡、项目制与村庄间分化》，《甘肃行政学院学报》第2期。

于丽敏，2003，《农村公共物品供给不足对农村经济发展的瓶颈效应分析》，《税务与经济（长春税务学院学报）》第4期。

余丽燕，2015，《"一事一议"农村公共产品供给分析——基于福建省的调查》，《农业经济问题》第3期。

詹姆斯·C. 斯科特，2012，《国家的视角：那些试图改善人类状况的项目是如何失败的（修订版）》，王晓毅译，社会科学文献出版社。

詹姆斯·M. 布坎南，2009，《公共物品的需求与供给》，马珺译，上海人民出版社。

詹姆斯·马奇、马丁·舒尔茨、周雪光，2005，《规则的动态演变——成文组织规则的变化》，上海人民出版社。

张厚安、徐勇、项继权等，2000，《中国农村村级治理——22个村的调查与比较》，华中师范大学出版社。

张军、何寒熙，1996，《中国农村的公共产品供给：改革后的变迁》，《改革》第5期。

张林秀、李强、罗仁福、刘承芳、罗斯高，2005a，《中国农村公共物品投资情况及区域分布》，《中国农村经济》第11期。

张林秀、罗仁福、刘承芳、Scott Rozelle，2005b，《中国农村社区公共物品投资的决定因素分析》，《经济研究》第5期。

张琳，2007，《我国农村公共物品供给问题研究综述》，《学术探索》第2期。

张同龙、张林秀，2013，《村委会选举中的村民投票行为、投票过程及其决定因素——基于全国5省100村2000户调查数据的实证研究》，《管理世界》第4期。

张晓波、樊胜根、张林秀、黄季焜，2003，《中国农村基层治理与公共物品提供》，《经济学（季刊）》第4期。

张秀生主编，2008，《农村公共产品供给与农民收入增长》，中国农业出版社。

张翼，2018，《改革开放 40 年来中国的阶层结构变迁与消费升级》，《中国社会科学评价》第 1 期。

张志原、刘贤春、王亚华，2019，《富人治村、制度约束与公共物品供给——以农田水利灌溉为例》，《中国农村观察》第 1 期。

赵德雷，2010，《当代美国社会心理学的发展图景：以"库利—米德奖"为线索》，《中国农业大学学报》（社会科学版）第 2 期。

赵德雷，2011，《期望状态与地位等级秩序的维持》，《中国农业大学学报》（社会科学版）第 4 期。

赵德雷，2013，《污名身份对人际影响力和社会距离的影响》，《心理学报》第 11 期。

折晓叶、陈婴婴，2011，《项目制的分级运作机制和治理逻辑——对"项目进村"案例的社会学分析》，《中国社会科学》第 4 期。

郑一平，1997，《影响村级治理的主要因素分析》，《中国农村经济》第 9 期。

周飞舟，2006，《从汲取型政权到"悬浮型"政权——税费改革对国家与农民关系之影响》，《社会学研究》第 3 期。

周飞舟，2012，《财政资金的专项化及其问题 兼论"项目治国"》，《社会》第 1 期。

周密、刘华、屈小博、黄利，2017a，《一事一议财政奖补制度对村级公共投资项目的影响》，《西北农林科技大学学报》（社会科学版）第 5 期。

周密、张广胜，2010，《"一事一议"制度的运行机制与适用性研究》，《农业经济问题》第 2 期。

周密、张广胜、刘华、王晓瑞，2017b，《一事一议财政奖补制度实施的双重效应及其协调机制——基于空间计量模型的实证分析》，《中国农村经济》第 3 期。

周雪光，2003，《组织社会学十讲》，社会科学文献出版社。

周雪光，2015，《项目制：一个"控制权"理论视角》，《开放时代》第

2 期。

周业安、连洪泉、陈叶烽、左聪颖、叶航，2013，《社会角色、个体异质性和公共品自愿供给》，《经济研究》第 1 期。

周业安、宋紫峰，2008，《公共品的自愿供给机制：一项实验研究》，《经济研究》第 7 期。

朱玉春、唐娟莉、罗丹，2011，《农村公共品供给效果评估：来自农户收入差距的响应》，《管理世界》第 9 期。

Alesina, A., Giuliano, P. 2015. "Culture and Institutions." *Journal of Economic Literature*, *American Economic Association* 53 (4)：898–944.

Alesina, A., Baqir, R., and Easterly, W. 1999. "Public Goods and Ethnic Divisions." *The Quarterly Journal of Economics* 114 (4)：1243–84.

Greif, A., Tabellini, G. 2017, "The Clan and the Corporation：Sustaining Cooperation in China and Europe." *Journal of Comparative Economics* 45 (1).

Banfield, E. C. 1958. *The Moral Basis of a Backward Society*. Free Press.

Barclay, P., Willer, R. 2007. "Partner Choice Creates Competitive Altruism in Humans." *The Royal Society Proceedings B* 274：749–53.

Benard, S. 2012. "Cohesion from Conflict：Does Intergroup Conflict Motivate Intragroup Norm Enforcement and Support for Centralized Leadership?" *Social Psychology* 75：107–30.

Benner, A., Putterman, L. 1998. *Economics, Values and Organizations*. Cambridge University Press.

Berger, J., Cohen, B. P., Zelditch Jr, M. 1966. "Status Characteristics and Expectation States." in J. Berger, M. Zelditch Jr, and B. Anderson (eds.), *Sociological Theories in Progress*. Boston：Houghton Mifflin.

Berger, J., Fisek, M. H., Norman, R. Z., Zelditch, M. 1977. *Status Characteristics and Social Interaction：An Expectation States Approach*. New York：Elsevier Scientific Pub. Co.

Berger, P. L., and Kellner, H. 1981. *Sociology Interpreted：An Essay on*

Method and Vocation. Garden City, NY: Doubleday Anchor.

Berger, P., Luckmann, T. 1967. *The Social Construction of Reality.* Harmondsworth: Penguin Books.

Besley, T., Burgess, R. 2002. "The Political Economy of Government Responsiveness: Theory and Evidence from India." *Working Paper, London School of Economics.*

Besley, T., Coate, S. 2001. "Elected Versus Apointed Regulators: Theory and Evidence." *Working Paper. London School of Economics.*

Biggart, N. W., Guillen, M. F. 1999. "Developing Difference: Social Organization and The Rise of the Auto Industries of South Korea, Taiwan, Spain, and Argentina." *American Sociological Review* 64 (5): 722-747.

Boix, C., Posner, D. 1998. "Social Capital: Explaining its Origins and Effects on Governmental Performance." *British Journal of Political Science* 28 (4): 686-93.

Branas-Garza, P, Cobo-Reyes, R., Espinosa, M. P, Jiménez, N., Kovařík, J., Ponti, G. 2010. "Altruism and Social Integration." *Games Economic Behavior* 69: 249-57.

Brulhart, M., Jametti, M. 2006. "Vertical Versus Horizontal Tax Externalities: An Empirical Test." *Journal of Public Economics* 90: 2027-2062.

Buchan, N. R., Brewer, M. B., Grimilda, G., Wilson, R. K., Fatas, E., and Foddy, M. 2011. "Global Social Identity and Global Cooperation." *Psychological Science* 22 (6): 821-828.

Burlando, R., Guala, F. 2005. "Heterogeneous Agents in Public Goods Experiments." *Experimental Economics* 8 (1): 35-54.

Butler, D., Geis, F. L. 1990. "Nonverbal Affect Responses to Male and Female Leaders: Implications for Leadership Evaluations." *Journal of Personality and Social Psychology* 58: 48-59.

Chen, Y., et al. 2017. "Social Comparisons, Status and Driving Behavior." *Journal of Public Economics* 155: 11-20.

Chen, Y., Li, S. X. 2009. "Group Identity and Social Preferences." *The American Economic Review* 99 (1): 431-457.

Clark, C. R., Clark, S., and Polborn M. K. 2006. "Coordination and Status Influence." *Rationality & Society* 18: 367-91.

Coase, R. H. 1960. "The Problem of Social Cost." *Journal of Law and Economics* 3: 1-44.

Cohen, E. 1993. "From Theory to Practice: The Development of an Applied Research Program." in J. Berger and M. Zelditch, Jr. (eds.) *Theoretical Research Programs: Studies in the Growth of Theory*. Stanford: Stanford University Press.

Coleman, J. 1990. *Foundations of Social Theory*. Harvard University Press.

Coleman, J. S., 1987. "Norms as a Social Capital." in Radnitzky, G., and P. Bernholz (eds.), *Economic Imperialism. The Economic Method Applied Outside the Field of Economics*. New York: Paragon House Publishers.

Correll, S. J., Ridgeway, C. L. 2003. "Expectations States Theory." in J. Delamater (ed.), *Handbook of Social Psychology*. New York: Kluwer Academic/Plenum Publishers.

Dahl, R. 1971. *Polyarchy: Participation and Opposition*. New Haven: Yale University Press.

D'Andrade, R. G. 1984. "Cultural Meaning Systems." in Richard A. Shweder and Robert A. Levine (eds.), *Cultural Theory: Essays on Ming, Self and Emotion*. Cambridge University Press.

De Cremer, D., Dewitte S, S., & Snyder, M. 2001. " 'The Less I Trust; the Less I Contribute?' The Effects of Trust, Accountability and Self-monitoring in Social Dilemmas." *European Journal of Social Psychology* 31.

De Cremer, D., Van Dijk, E. 2002. "Reactions to Group Success and Failure as a Function Of Identification Level: A Test of The Goal-Trans-Formation Hypothesis in Social Dilemmas." *Journal of Experimental Social Psychology* 38: 435-440.

De Kwaadsteniet, E. W. , and Van Dijk E 2010. "Social Status as a Cue for Tacit Coordination. " *Journal of Experimental Social Psychology* 46: 515-24.

Deploige, S. 1938. *The Conflict Between Ethics and Sociology.* Trans. by Charles C. Miltner. London: B. Herder Book.

DiMaggiao, P. J. , and Powell, W. W. 1991. "Introduction. " *In The New Institutionalism in Organizational Analysis*, edited by Walter W. Powell and Paul J. DiMaggiao, Chicago: University of Chicago Press.

DiMaggio, P. J. , Powell, W. W. 1983. "The Iron Cage Revisited: Institutional Isomorphism and Collective Rationality in Organizational Fields." *American Sociological Review* 48: 147-160.

Dixit, A. K. 2004. *Lawlessness and Economics—Alternative Models of Governance.* Princeton University Press.

Dobbin, F. 1993. "Equal Opportunity Law and the Construction of Internal Labor Markets. " *American Journal of Sociology* 99: 396-427.

Dobbin, F. , Dowd, T. J. 2000. "The Market That Antitrust Built: Public Policy, Private Coercion, and Railroad Acquisitions. " *American Sociological Review* 65 (5): 631-657.

Douglas, M. 1986. *How Institutions Think.* Syracuse, NY: Syracuse University Press.

Eckel, C. C. and Wilson, R. K. 2007. "Social Learning in Coordination Games: Does Status Matter?" *Experimental Economics* 10: 317-29.

Eckel, C. C. , Fatas, E. , Wilson, R. 2010. "Cooperation and Status in Organizations. " *Journal of Public Economic Theory* 12: 737-762.

Edelman, L. 1990. "Legal Environments and Organizational Governance. " *American Journal of Sociology* 95 (6).

Edelman, L. 1992. "Legal Ambiguity and Symbolic Structures: Organizational Mediation of Civil Rights Law. " *American Journal of Sociology* 97: 1531-1576.

Edwards, B. , Foley, M. W. S. 1998. "Social Capital and Civil Society Beyond

Putnam. " *The American Behavioral Scientist* 42 （1）：124-140.

Ehrenberg, J. 1999. *Civil Society*： *The Critical History of an Idea.* New York： New York University Press.

Ekeh, P. P. 1974. *Social Exchange Theory*： *The Two Traditions.* Cambridge, MA：Harvard University Press.

Ermakoff, I. 2008. *Ruling Oneself Out*： *A Theory of Collective Abdications.* Durham, NC：Duke University Press.

Fans, S. , Chan-Kang, C. 2005. Road Development, Economic Growth, and Poverty Reduction in China. IFPRI Research Report.

Fehr, E. , Gintis, H. 2007. " Human Motivation and Social Cooperation： Experimental and Analytical Foundations. " *Annual Review of Sociology* 33： 43-64.

Fischbacher, U. 2007. " Z-Tree： Zurich Toolbox for Ready-Made Economic Experiments. " *Experimental Economics* 10 （2）：171-178.

Fischbacher, U. , Gachter, S. 2006. " Heterogenous Social Preferences and the Dynamics of Free Riding in Public Goods. " *CeDex Discussion Paper* 1.

Fischbacher, U. , Gachter, S. 2010. " Social Preference, Beliefs, and the Dynamics of Free Riding in Public Good Experiments. " *American Economic Review* 100 （1）：541-556.

Fischbacher, U. , Gachter, S. , Fehr, E. 2001. " Are People Conditionally Cooperative? Evidence from a Public Goods Experiment. " *Economics Letters* 71 （3）：397-404.

Fligstein, N. 1990. *The Transformation of Corporate Control.* Cambridge, Mass： Harvard University Press.

Fligstein, N. 1996. " Markets as Politics： A Political-cultural Approach to Market Institutions. " *American Sociological Reviews* 61 （4）：656-673.

Fligstein, N. 2001. *The Architecture of Markets.* Princeton. N. J. ： Princeton University Press.

Fukuyama, F. 1995. *Trust*： *The Social Virtues and the Creation of Prosperity.* New

York: Free Press.

Gambetta, D. 1988. (ed.) *Trust: Making and Breaking Cooperative Relations*. Blackwell.

Glanville, J. L., Andersson, M. A., Paxton, P. 2013. "Do Social Connections Create Trust? An Examination Using New Longitudinal Data." *Social Forces* 92: 545-62.

Granovetter, M. 1985. "Economic Action and Social Structure: The Problem of Embeddedness." *American Journal of Sociology* 91 (3): 481-510.

Greif, A. 1993. "Contract Enforceability and Economic Development: Reflection from the Commercial Revolution." Stanford University (California), Department of Economics, mimeo.

Greif, A. 1994. "Cultural Beliefs and the Organization of Society: A Historical and Theo-retical Reflection on Collectivist and Individualist Societies." *Journal of Political Economy* 102 (5): 912-950.

Greif, A. 2006. *Institutions and the Path to the Modern Economy: Lessons from Medieval Trade*. Cambridge University Press.

Greif, A., Tabellini, G. 2017. "The Clan and the City: Sustaining Cooperation in China and Europe." *Journal of Comparative Economic* 45.

Guillen, M. F. 1994. *Models of Management*. Chicago: University of Chicago Press.

Guillen, M. F. 2000. "Corporate Governance and Globalization: Is the Convergence Across Countries?" *Advance in International Comparative Management* 13: 175-204.

Guillen, M. F., Suarez, S. L. 1993. "The Institutional Context of Multinational Activity." in Sumantra Ghoshal and Eleanor Westney (eds.) *Organizational Theory and the Multinational Corporation*. New York, Times Book.

Guiso, L., Sapienza, P., and Zingales, L. 2004. "The Role of Social Capital in Financial Development." *American Economic Review* 94: 526-556.

Guiso, L., Sapienza, P., and Zingales, L. 2006. "Does Culture Affect

Economic Outcomes?" *Journal of Economic Perspectives* 20（2）：23-49.

Guiso, L., Sapienza, P., and Zingales, L .2007. "Long Term Persistence." Working paper, University of Chicago.

Guiso, L., Sapienza, P., and Zingales, L. 2008. "Social Capital as Good Culture." *Journal of the European Economic Association* 6（2-3）：295-320.

Guiso, L., Sapienza, P., and Zingales, L. 2009. "Cultural Biases in Economic Exchange?" *Quarterly Journal of Economics* 124（3）：1095-1131.

Guiso, L., Sapienza, P., and Zingales, L .2011. "Civic Capital as the Missing Link." in Jess Benhabib, Alberto Bisin, Matthew O. Jackson（eds.）*Social Economics Handbook*. North Holland, Amsterdam, Vol. 1a.

Han, S. K. 1994. "Mimetic Isomorphism and Its Effects on the Audit Services Market." *Social Forces* 73：637-663.

Harbaugh, W. T. 1998. "The Prestige Motive for Making Charitable Transfers." *American Economicl Review* 88（2）：277-282.

Hardy, C. L., Van Vugt, M. 2006. "Nice Guys Finish First：The Competitive Altruism Hypothesis." *Personal & Social Psychology Bulletin* 32：1402-13.

Head, J. G. 1962. "Public Goods and Public Policy." *Public Finance* 17：197-221.

Hechathorn, D. D. 1984. "Public Goods and Public Policy." *Public Finance* 17：197-219.

Hecher, M., Opp, K. D.（eds.）2001. *Social Norms*. New York：Russell Sage Foundation.

Heckathorn, D. D. 1989. "Collective Action and the Second-Order Free-Rider Problem." *Rationality and Society* 1：78-100.

Heckathorn, D. D. 1996. "The Dynamics and Dilemmas of Collective Action." *American Sociological Review* 61：250-77.

Herrmann, B., Thöni, C. 2009. "Measuring Conditional Cooperation：A Replication Study in Russia." *Experimental Economics* 12（1）：87-92.

Hindriks, J., Peralta, S., Weber, S. 2008. "Competing in Taxes and Investment under Fiscal Equalization." *Journal of Public Economics* 92: 2392–2402.

Horne, C. 2009. *The Rewards of Punishment: A Relational Theory of Norm Enforcement.* Stanford, CA: Stanford Univ. Press

Huan Philp, C. C. 1985. *The Peasant Economy in Social Change in North China.* Stanford CA: Stanford University Press.

Huhe, N., Tang, M. 2017. "Institutionalizing from the Middle: The Impacts of Provincial Legislation on Rural Grassroots Democracy in China." *Studies in Comparative International Development* 52 (3): 372–393.

James Jr, H. S. 2015. "Generalized Morality, Institutions and Economic Growth, and the Intermediating Role of Generalized Trust." *Forthcoming, Kyklos* 68 (2): 165–196.

Kiser, L. L., Ostrom, E. 1982. "The Three Worlds of Action. A Metatheoretical Synthesis of Institutional Approaches." in E. Ostrom (ed.), *Strategies of Political Inquiry.* Beverly Hills: Sage.

Knack, S. 2002. "Social Capital and the Quality of Government: Evidence from the States." *American Journal of Political Science* 46 (4): 772–785.

Knack, S., Keefer, P. 1997. "Does Social Capital Have an Economic Pay-Off? A Cross Country Investigation." *Quarterly Journal of Economics* 112 (4): 1251–1288.

Kopelman, S., Weber, J. M., Messick, D. M. 2002. "Factors Influencing Cooperation in Commons Dilemmas: A Review of Experimental Psychological Research." in E. Ostrom, T. Dietz, P. C. Dolsak, P. C. Stern, S. Stonich, & E. U. Weber (eds.), *The Drama of the Commons.* Washington, DC: National Academy Press.

Kumru, C. S., Vesterlund, L. 2010. "The Effect of Status on Charitable Giving." *Journal of Public Economic Theory* 12 (4): 709–735.

Letki, N. 2006. "Investigating the Roots of Civic Morality: Trust, Social Capital, and Institutional Performance. " *Political Behavior* 28 (4): 305-325.

Levy-Bruhl, L. 1905. *Ethics and Moral Science*. London: Constable.

Lizzeri, A. , Persico, N. 2001. " The Provision of Public Goods under Alternative Electoral Incentives. " *American Economic Review* 91 (1).

Lizzeri, A. , Persico, N. 2004. " Why did the Elites Extend the Suffrage? Democracy and the Scope of Government, with an Application to Britain's 'Age of Reform'. " *The Quarterly Journal of Economics* 119 (2).

Luo, R. , Zhang, L. , Huang, J. , Rozelle, S. 2007a. " Elections, Fiscal Reform and Public Goods Provision in Rural China. " *Journal of Comparative Economics* 35 (3).

Luo, R. , Zhang, L. , Huang, J. , & Rozelle, S. 2007b. " Village Election, Public Goods Investments and Pork Barrel Politics, Chinese Style. " Working Paper, Center for Chinese Agricultural Policy, China Academic Science.

Macy, M. W. 1991. " Chains of Cooperation: Threshold Effects in Collective Action. " *American Sociological Review* 56: 730-47.

Macy, M. W. , Skvoretz, J. 1998. " The Evolution of Trust and Cooperation between Strangers: Acomputational Model. " *American Sociological Review* 63: 638-60.

Mancur, O. 1965. *The Logic of Collective Action : Public Goods and the Theory of Groups*. Cambridge: Harvard University Press.

Marmot, M. 2004. *The Status Syndrome : How Social Standing Affects our Health and Longevity*. New York: Times Books.

Meyer, J. , Rowan, B. 1977. "Institutionalized Organizations: Formal Structure as Myth and Ceremony. " *American Journal of Sociology* 83: 340-363.

Milner, M. 2004. *Freaks, Geeks, and Cool Kids : Americans Teenagers, Schools, and the Culture of Consumption*. New York: Routledge.

Moldovanu, B. , et al. 2007. " Contests for Status. " *Journal of Political Economic* 115 (2): 338-363.

Mulder, L. B. , Van Dijk, E. , De Cremer, D. , Wilke, H. A. M. 2006.

"Undermining Trust and Cooperation: The Paradox of Sanctioning Systems in Social Dilemmas." *Journal of Experimental Social Psychology* 42: 147-62.

Musgrave, R. A. 1959. *The Theory of Public Finance.* New York: McGraw-Hill.

Nee, V. 1992. "Organizational Dynamics of Market Transition Hybrid Forms Property Rights and Mixed Economy in China." *Administrative Science Quarterly* 37 (1): 1-27.

Nee, V., Ingram, P. 1998. "Embeddedness and Beyond." in Mary Brinton and Victor Nee (eds.), *New Institutionalism in Sociology.* New York Russell Sage Foundation.

Nee, V., Su, S. 1996. "Institutions, Social Ties and Commitment in China's Corporatist Transformation." in John Mcmillian and Barry Naughton (eds.), *Reforming Asion Socialism : The Growth of Market Institution.* Ann Arbor: The University of Michigan Press.

Nee, V., Swedberg, R. 2005. "Economic Sociology and New Institutional Economics." in Claude Menard and Mary M. Shirly (eds.), *Handbook of New Institutional Economics.* The Netherlands: Springer.

O'Brien, K. 1994. "Implementing Political Reform in China's Villages." *The Australian Journal of Chinese Affairs* (32): 39.

O'Donnell, G. 1996. "Illusions about Consolidation." *Journal of Democracy* 7 (2): 55-69.

Oliver, P. 1993. "Formal Models of Collective Action." *Annual Review of Sociology* 19: 271-300.

Olson, M. 1965. *The Logic of Collective Action : Public Goods and the Theory of Groups.* Cambridge, Mass: Harvard University Press.

Ostrom, E. 1990. *Governing the Commons : The Evolution of Institutions for Collective Action.* Cambridge: Cambridge University Press.

Ostrom, E., Schroeder, L., Wynne S. 1993. *Institutional Incentives and Sustainable Development Infrastructure Policies in Perspective.* Boulder, CO: West View Press.

Paetzel, F. , Sausgruber, R. 2018. "Cognitive Ability and In-group Bias: An Experimental Study. " *Journal of Public Economics* 167: 280–292.

Parsons, T. 1960. "A Sociological Approach to the Theory of Organizations. " in Talcott Parsons (ed.), *Structure and Process in Modern Societies*. Glencoe, IL: Free Press.

Passy, F. , Monsch, G. A. 2014. "Do Social Networks Really Matter in Contentious Politics?" *Social Movement Study* 13: 22–47.

Paul, A. S. 1955a. "A Diagrammatic Exposition of a Theory of Public Expenditure. " *Review of Economics and Statistics* 37: 350–56.

Paul, A. S. 1955b. "The Pure Theory of Public Expenditure. " *Review of Economics and Statistics* 36: 387–89.

Paxton, P. , Moody, J. 2003. "Structure and Sentiment: Explaining Emotional Attachment to Group. " *Social Psychology Quarterly* 66: 34–47.

Pedersen, T. , Thomsen, S. 1997. "European Patterns of Corporate Ownership: A Twelve-country Study. " *Journal of International Business Studies* 28 (4): 759–778.

Peng, Y. 2004. "Kinship Networks and Entrepreneurs in China's Transitional Economy. " *American Journal of Sociology* 109 (5): 1045–74.

Peng, Y. 2005. "Lineage Networks, Rural Entrepreneurs and Max Weber. " *Research in the Sociology of Work* (15): 327–255.

Perrow, C. 1986. *Complex Organizations*. New York: Random House.

Pfaff, S. 1996. "Collective Identity and Informal Groups in Revolutionary Mobilization: East Germany in 1989. " *Social Forces* 75: 91–117.

Platteau, J. P. 1993. "Behind the Market Stage Where Real Societies Exist-Part II: The Role Of Moral Norms. " *The Journal of Development Studies* 753–817.

Platteau, J. P. 2000. *Institutions, Social Norms, and Economic Development*. Academic Publishers.

Posner, E. A. 2000. *Law and Social Norms*. Cambridge, MA: Harvard University

Press.

Putnam, R. 1993. *Making Democracy Work: Civic Traditions in Modern Italy*. Princeton: Princeton University Press.

Putnam, R. 2000. *Bowling Alone: The Collapse and Revival of American Community*. New York: Simon and Schuster.

Putnam, R., Leonardi, R., and Nanetti, R. 1993. *Making Democracy Work: Civic Traditions in Modern Italy*. Simon & Schuster, New York.

Ridgeway, C. L. 1984. "Dominance, Performance, and Status in Groups: A Theoretical Analysis." in E. Lawler (ed.), *Advances in Group Process* (Vol. 1, pp. 59-93). Greenwich, CT: JAI.

Ridgeway, C. L. 1987. "Nonverbal Behavior, Dominance, and the Basis of Status in Task Groups." *American Sociological Review* 52 (5), 683-694.

Ridgeway, C. L., Berger, J. 1986. "Expectations, Legitimation, and Dominance Behavior in Task Groups." *American Sociological Review* 51, 603-617.

Ridgeway, C. L., Walker, H. A. 1995. "Status Structures." in K. S. Cook, G. A. Fine, and J. S. House (eds.), *Sociological Perspectives on Social Psychology*. Boston: Allyn and Bacon.

Ridgeway, C. R. 1982. "Status in Groups: The Importance of Motivation." *American Sociological Review* 47: 76-88.

Ridgeway, C. R. 1997. "Interaction and the Conservation of Gender Inequality: Considering Employment." *American Sociological Review* 62: 218-35.

Robbins, T. L. 1995. "Social Loafing on Cognitive Tasks: An Examination of the 'SUCKER EFFECT'." *Journal of Business and Psychology* 9: 340-342.

Rose-Ackerman, S. 2005. *From Elections to Democracy: Building Accountable Government in Hungary and Poland*. Cambridge: Cambridge University Press.

Samuelson, P. A. 1954. "The Pure Theory of Public Expenditure." *Review of Economics and Statistics* 36: 387-89.

Samuelson, P. A. 1955. "A Diagrammatic Exposition of a Theory of Public

Expenditure. " *Review of Economics and Statistics* 37：350-56.

Scott, R. 2003. *Organizations ： Rational, Natural and Open Systems, 5th (ed.)*. Upper Saddle River, NJ：Prentice Hall.

Scott, R., Christensen, S. (eds.). 1995. *The Institutional Construction of Organizations ： International and Longitudinal Studies.* Thousand Oaks, CA：Sage.

Scott, R., Ruef, M., Mendel, P., and Caronna, C. 2000. *Institutional Change and Healthcare Organizations ： From Professional Dominance to Managed Care.* Chicago：University of Chicago Press.

Seabright, P. 1996. "Accountability and Decentralization in Government：An Incomplete Contracts Model. " *European Economic Review* 40（1）：1-202.

Sell, Jane. 1997. "Gender, Strategies, and Contributions to Public Goods. " *Social Psychology Quarterly* 60：252-65.

Selznick, P. 1948. "Foundations of the Theory of Organization. " *American Sociological Review* 13：25-35.

Simpson, B., Willer, R., Ridgeway, C. L. 2012. "Status Hierarchies and the Organization of Collective Action. " *Sociological Theory* 30：149-66.

Strang, D., Sine, W. D. 2002. "Interorganizational Institutions. " in Joel A. C. Baum (ed.), *The Blackwell Companion to Organizations.* Oxford, UK：Blackwell.

Suchman, M. C. 1995. "Managing Legitimacy：Strategic and Institutional Approaches. " *Academy of ManagementReview* 20：571-610.

Tabellini, G. 2005. "Culture and Institutions：Economic Development in the Regions of Europe. " Working Paper, IGIER.

Tabellini, G. 2008a. "Institutions and Culture. " *Journal of the European Economic Associations* 6（2-3）：255-294.

Tabellini, G. 2008b, "The Scope of Cooperation：Values and Incentives. " *Quarterly Journal of Economics* 123（3）.

Tabellini, G. 2010. "Culture and Institutions：Economic Development in the

Regions of Europe. " *Journal of the European Economic Association* 8, (4):
1542-4774.

Takahashi, N. 2000. " The Emergence of Generalized Exchange. " *American Journal of Sociology* 105: 1105-1134.

Taylor, M. J. 1976. *Anarchy and Cooperation*. New York: Wiley.

Tolbert, P. , Zucker, L. 1983. " Institutional Sources of Change in the Formal Structure of Organizations: The Diffusion of Civil Service Reform. " *Administrative Science Quarterly* 28 (1).

Tsai, L. 2000. " Strategies of Rule or Ruin? Government and Public Good Provisions in Rural China. " *Village Self—Government and Rural Social Development in China*.

Tsai, L. 2002. " Cadres, Temple and Linage Institutions, and Governance in Rural China. " *The China Journal* (48): 1-27.

Tsai, L. 2007a. *Accountability Without Democracy: Solidary Groups and Public Goods Provision in Rural China*. Cambridge: Cambridge University Press.

Tsai, L. 2007b. " Social Groups, Informal Accountability, and Local Public Goods Provision in Rural China. " *The American Political Science Review* 101 (2) (May).

Tsai, L. 2011. " Friends or Foes? Nonstate Public Goods Providers and Local State Authorities in Nondemocratic and Transitional Systems. " *Studies in Comparative International Development* 46: 46-69.

Tsutsui, K. , Zizzo, D. J. 2014. " Group Status Minorities and Trust. " *Experimental Economics* 17: 215-244.

Wagner, D. G. , Berger, J. 1993. " Status Characteristic Theory: The Growth of a Program. " in J. Berger, & M. Zelditch (eds.), *Theoretical Research Programs: Studies in the Growth of Theory* (pp. 23-63). Stanford, CA: Stanford Press.

Weber, J. M. , Kopelmam, S. , Messick, D. M. , Conceptual, A. 2004. " Review of Decision Making in Social Dilemmas: Applying a Logic of

Appropriateness. ” *Personality and Social Psychology Review* 8 （3）： 281-307.

Weber, M. 1970. *The Protestant Ethic and the Spirit of Capitalism.* George Allen and Unwin.

Weber, M. 1978. *Economy and Society.* Berkeley： University of California Press.

Webster, M. , Driskell Jr, J. E. 1978. “Status Generalization： A Review and Some New Data. ” *American Sociological Review* 43： 220-36.

Welch, M. R. , Sikkink, D. , Lovel, M. T. 2007. “The Radius of Trust： Religion, Social Embeddedness and Trust in Strangers. ” *Social Forces* 86： 23-46.

Willer, R. 2009. “Groups Reward Individual Sacrifice： The Status Solution to the Collective Action Problem. ” *American Sociological Review* 74： 23-43.

Willer, R. 2015. “Beyond Altruism： Sociological Foundations of Cooperation and Prosocial Behavior. ” *Annual Review of Sociology* 41： 43-63.

Willer, R. , Anderson, C. 2016. “Hierarchy and Its Discontents： Status Disagreement Leads to Withdrawal of Contribution and Lower Group Performance. ” *Organization Science.*

Willer, R. , Feinberg, M. , Irwin, K. , Schultz, M. , and Simpson, B. 2010. “The Trouble with Invisible Men： How Reputational Concerns Motivate Generosity. ” in S. Hitlin and S. Vaisey （eds. ）, *Handbook of the Sociology of Morality*, New York： Springer.

Willer, R. , Feinberg, M. W. , Flynn, F. J. , Simpson, B. 2014a. “The Duality of Generosity： Altruism and Status Seeking Motivate Prosocial Behavior. ” *Working Paper, Department, Sociology, Stanford University.*

Willer, R. , Flynn, F. J. , Feinberg, M. W. , Mensching, O. , de Mello Ferreira, V. , et al. 2014b. “Do People Pay It Forward? Gratitude Fosters Generalized Reciprocity. ” *Working Paper, Department, Sociology, Stanford University.*

Willer, R. , Flynn, F. J. , Zak, S. 2012. “ Structure, Identity, and

Solidarity: A Comparative Field Study of Generalized and Direct Exchange. " *Administrative Science Quarterly*, 57 (1): 119-155.

Willer, R. S. , Harrell, A. 2017. "The Enforcement of Moral Boundaries Promotes Cooperation and Prosocial Behavior in Groups Brent. " Scientific Reports.

Xu, Y. , Yao, Y. 2015. "Informal Institutions, Collective Action, and Public Investment in Rural China. " *American Political Science Review* 109 (2): 371-391.

Yamagishi, T. 1986a. "The Structure Goal/Expectation Theory of Cooperation in Social Dilemmas. " *Advance in Group Process* 3: 51-87.

Yamagishi, T. 1986b. "The Provision of a Sanctioning System as a Public Good. " *Journal of Personality and Social Psychology* 51: 110-116

Zhang, X. , Fan, S. , Zhang L. , & Huang, J. 2004. "Local Governance and Public Goods Provision in Rural China. " *Journal of Public Economics* 88.

Zhou X. 1993. "Occupational Power, State Capacities and the Diffusion of Licensing in the American State: 1890-1950. " *American Sociological Review* 58: 536-552.

Zhou, X. 2012. "The Road to Collective Debts: Government Bureaucracies and Public Goods Provision in Rural China. " *Modern China*.

后　记
关于公共物品供给"搭便车"困境的
研究探索

　　长期以来，笔者主要关注和研究的是公共物品供给中的集体合作/公共参与问题。因公共物品区别于私人物品的特殊属性，使得公共物品供给常常面临"搭便车"等集体行动困境。哈丁的"公地悲剧"与奥尔森的"集体行动的逻辑"，使普遍存在的个体利己主义与社会公共利益之间的内在冲突凸显，引发了学术界的广泛关注与研究。

　　"公共物品"这一概念的经典界定来自美国经济学家萨缪尔森（Samuelson），他认为每一个人对这种物品的消费并不减少任何其他人对这种物品的消费，因而公共物品具有典型的非排他性和非竞争性。公路、免费公园等就是典型的公共物品。这就引发了公共物品供给中集体行动的困境，经典的例子如"三个和尚没水吃"，也就是学术界提出的"搭便车"问题。在我国农村地区的公共物品供给中，农民始终是重要的供给主体之一。我国改革开放后的农村公共物品供给以 2006 年税费改革和 2017 年乡村振兴战略的提出为节点可划分为三个阶段。2006 年农业税取消后，村庄财政困难，农村的公共物品供给出现了许多问题，引发了当时学界的关注，也涌现了一系列非常经典的研究。

　　政治学、公共管理等学科主要关注政府与正式制度的作用，预设了良好的公共治理、经济绩效以及经过精心设计的正式制度，可以有效克服公共物品供给中的诸多困境。经济学主要从理性人假设出发，主要运用囚徒博弈困境模型来解释与分析理性个体在公共物品供给中的不合作行为。心理学基于亲社会动机假设，主要研究个体的利他主义动机以及有关同情、感激等情绪的来源。而社会学研究则强调，在公共物品供给的集体行动中，个体的合作、公共参与在很大程度上受到个体外在力量的影响。相比于其他学科倾向于理性经济人的假设，社会学更关注作为"社会人"的个体。社会学的研究主要关注外在于个体普遍存在的社会规范、社会关系网络的结构特征以及社会声望等个体间独特的互动机制对克服"搭便车"困境可能带来的影响。基于社会学的视角，笔者的研究主要关注非正式制度、制度各要素以及群体结构等因素对个体克服"搭便车"、参与公共物品供给的影响，关注外在于个体的社会规范、社会关系网络结构、社会声望等个体间的互动机制对克服"搭便车"困境可能具有的积极影响。

笔者最早对公共物品供给问题的关注和研究深受导师胡荣教授和美国麻省理工学院 Lily Tsai（蔡晓莉）教授的影响。笔者最初选择农村公共物品供给作为博士学位论文的研究方向，源于参与胡荣教授主持的国家自然科学基金重大项目。后来有机会赴美国麻省理工学院进行访问交流，在 Lily Tsai 教授的指导下，对多个村庄进行案例分析和问卷调查，考察了中国农村公共物品的供给情况。笔者在文献阅读与初步田野调研的基础上，并在请教了胡荣教授、Lily Tsai 教授和 Robert Putnam（哈佛大学的罗伯特·帕特南）教授之后，认为现有的基于普遍信任和社团组织的社会资本理论视角不完全符合中国农村社会的现状，于是最终选择从"非正式制度"的角度切入。

"非正式制度"的视角来自个案研究的启示。笔者的博士学位论文以福建省福州市的 T 村为研究对象。该村由 8 个自然村组成，人口约 2500 人，是一个单姓村庄。村庄自主供给的公共物品种类多样，并且村民公共物品供给的参与率和投入度非常高，几乎没有"搭便车"的情况。在这种现象背后，一项重要的非正式制度"头家轮流制"起到了重要的作用。相比于通过正式制度选举出来的村两委，以及另一种非正式制度"宗族理事会"，"（几乎）所有公共物品供给成功的活动，背后的组织者都是头家"（温莹莹，2013，2015）。通过进一步结合质性访谈与量化问卷的分析，笔者认为，非正式制度对社会制约及整合等方面有着重要的积极作用。

本书是笔者在博士学位论文基础上基于非正式制度视角对农村公共物品

供给的深化研究。关于公共物品供给研究的制度视角，研究重点或许不在于是正式制度还是非正式制度，而在于这些制度当中包含了哪些关键的要素，从而使它能够克服"搭便车"困境。本书主要的田野和问卷调研、相关数据的收集也是与 Lily Tsai 教授合作在北京和福建等地的数十个村庄开展的。在多年的田野调查、个案研究和量化研究中，笔者分别考察了正式制度和非正式制度各要素的具体影响，逐渐发现，制度中的规制性要素对个体公共参与的影响有限，其中的道德规范与文化-认知要素或许更为重要。正式制度或非正式制度的合法性蕴含在深层的道德文化基础上。这些也是本书试图呈现的主要内容。

然而，已有研究中占主导地位的理性经济人假设（哪怕是"有限理性人"假设）却主要关注的是规制性要素，而对规范性要素、文化-认知性要素等的讨论较少。2016 年，在一次偶然的文献阅读中，笔者注意到美国、欧洲的文化经济学界关于制度与文化的讨论。他们关注文化中的价值规范对经济和政治的影响，并就普遍道德与公共治理、经济绩效等之间的关系开展了一系列实证研究。其中，格雷夫和塔贝利尼（Greif & Tabellini，2017）的研究 "The Clan and the Corporation：Sustaining Cooperation in China and Europe" 引发了笔者的关注。他们的研究运用了 "2005 年全国城乡居民生活综合研究（CGSS 2005）" 等相关数据进行分析，讨论了中国与欧洲各国不同的道德状况，认为进入现代社会，欧洲各国发展出了普遍道德，而相比之下，中国现代社会则主要发展出有限道德。在对普遍道德相关理论和实证研究进行学习和梳理后，笔者对这样的研究结论是存疑的。笔者后续几年在江浙一带多次的田野调研中，观察到许多农村地区农民的志愿服务、捐赠公益等利他行为的服务范围已经大大超越本村、本地的范围，并非如已有研究讨论的仅限于宗族、亲属等狭隘社会关系中。针对格雷夫等人的研究结论，笔者与合作者（香港大学张晓玲教授及其研究团队，她主要关注环境治理中的"公地悲剧"问题）撰写了系列文章尝试拓展讨论。目前已刊发的有两篇。第一篇是 "Generalized Morality and the Provision of Public Goods：The Role of Social Trust and Public Participation"，2022 年 7 月刊发于 *Habitat International*。这也是本书第五章讨论的主要议题。这篇文章借鉴相关理论框架和数据进行实证研究，尝试补充格雷夫等人的研究结论，也在公共物品供给和"搭便车"困境等议题中引入了普遍道德视角，但在理论研究和讨论部分未能尽意。于是，笔者写了第二篇文章《从有限道德到普遍道德——基于社会参与的视角》，刊发于《社会学研究》2024年第2期。这篇文章用了较大篇幅对道德、普遍道德的相关理论进行梳理和讨论，指出随着现代性进程普遍道德发展的应然性，然而，也指出在现代社会的个体化、理性化、流动性、陌生人化等特质以及当前数字媒介的广泛使用等背景下，普遍道德的发展面临着的许多复杂的问题和困境等，并进一步强调不能忽略中国现代社会普遍道德发展的趋势、特点及其具体机制等问题。在近几年对江浙地区农村的调研中，笔者发现当地农民的志愿服务及捐赠行为已经远远超出本村范围。同样地，新冠疫情期间笔者也观察到各地城乡的志愿服务均有长足发展，其中以党员为代表的志愿者的志愿服务范围远远超出了村庄或社区的边界。此外，数字媒介的发展和公益数字平台的出现也促使人们积极参与平台组织的公益活动，这些证明了中国普遍道德的不断发展。

笔者的初衷是尝试引入一个新的维度关注道德议题，同时也是公共物品供给研究中关于"何以克服'搭便车'困境"议题的又一次研究探索。这两篇文章的写作也提醒我们在公共物品、集体行动的研究中，除了以往研究中关于"经济人"和"社会人"视角的强调，还需更多关注作为"道德主体"的个体视角。"道德"作为研究公共物品供给的一个新的视角以及克服"搭便车"困境的新途径，实际上是回归了公共物品供给问题的"元问题"——我们的利他行为、积极合作的行为和亲社会的行为，这些本身就是一些道德的行为。当然，本书的初步结论除了强调道德视角，也进一步强调了文化和超越个体视角的群体结构视角。受各项条件及研究时间的限制，本书未能对公共物品供给的道德视角、文化视角和群体结构视角展开深入的田野调研和个案研究剖析。这是本书的不足和遗憾，但也是笔者进一步探索和研究的主要方向。

图书在版编目（CIP）数据

何以公共：农村公共物品供给制度的合法性机制探究 / 温莹莹著 . -- 北京：社会科学文献出版社，2024. 12. --（中国社会科学院大学文库）. -- ISBN 978-7 -5228-4455-8

Ⅰ . F299. 241

中国国家版本馆 CIP 数据核字第 20243D2M19 号

中国社会科学院大学文库

何以公共：农村公共物品供给制度的合法性机制探究

著　　者 / 温莹莹

出 版 人 / 冀祥德
责任编辑 / 孙　瑜
文稿编辑 / 王　敏
责任印制 / 王京美

出　　版 / 社会科学文献出版社·群学分社（010）59367002
　　　　　地址：北京市北三环中路甲 29 号院华龙大厦　邮编：100029
　　　　　网址：www. ssap. com. cn
发　　行 / 社会科学文献出版社（010）59367028
印　　装 / 三河市龙林印务有限公司

规　　格 / 开本：787mm×1092mm　1/16
　　　　　印张：12.75　字数：200 千字
版　　次 / 2024 年 12 月第 1 版　2024 年 12 月第 1 次印刷
书　　号 / ISBN 978-7-5228-4455-8
定　　价 / 98.00 元

读者服务电话：4008918866